華人文化講座
研究叢書

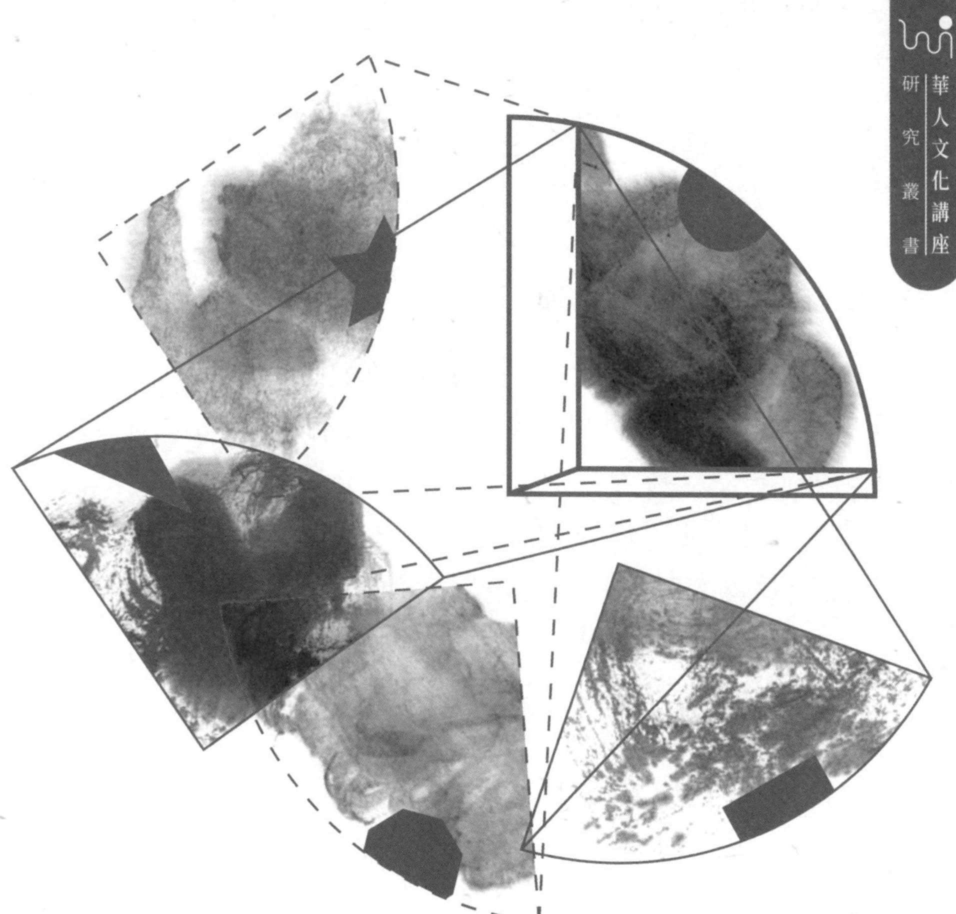

# 殊方九譯之俗

## 中國文學之內與外

蘇源熙——著

國家圖書館出版品預行編目(CIP)資料

殊方九譯之俗：中國文學之內與外 / 蘇源熙作; 張豔翻譯. -- 初版. -- 臺北市：國立政治大學政大出版社出版：國立政治大學發行, 2022.12
面；　公分. --（華人文化講座系列叢書 ; M003）
ISBN　978-626-96532-1-8（精裝）

1.CST: 中國文學　2.CST: 比較文學　3.CST: 文集

819.07　　111020259

華人文化講座系列叢書 M003

# 殊方九譯之俗：中國文學之內與外

作　　者｜蘇源熙（Haun Saussy）
翻　　譯｜張豔

發 行 人　李蔡彥
發 行 所　國立政治大學
出 版 者　國立政治大學政大出版社
合作出版　國立政治大學華人文化主體性研究中心
執行編輯　林淑禎
地　　址　11605臺北市文山區指南路二段64號
電　　話　886-2-82375669
傳　　真　886-2-82375663
網　　址　http://nccupress.nccu.edu.tw

經　　銷　元照出版公司
地　　址　10047臺北市中正區館前路28號7樓
網　　址　http://www.angle.com.tw
電　　話　886-2-23756688
傳　　真　886-2-23318496
戶　　名　元照出版有限公司
郵撥帳號　19246890

法律顧問　黃旭田律師
電　　話　886-2-23913808

初版一刷　2022年12月
定　　價　380元
I S B N　9786269653218
G P N　1011102107

政府出版品展售處
- 國家書店松江門市：104臺北市松江路209號1樓
  電話：886-2-25180207
- 五南文化廣場臺中總店：400臺中市中山路6號
  電話：886-4-22260330

為紀念 Paul Farmer, MD (1959-2022)

必也狂狷乎

狂者進取

《論語・子路》

# 目次

# 引言
# 物無非彼，物無非是

咱們來談談「中」「外」吧。眾所周知，華人稱祖國為「中國」，[1]「中國」以外的地盤為「外國」；但「中」與「外」的對稱是怎麼來的？在「一群運動員當中」、「上班時間以外」這類說法裡，「中」、「外」指一種關係，而不是指一種本質；然而經過幾千年的歷史發展，「中外」變成具體的區分物類性質的名稱。這種意義上的變遷——從關係到性質——值得我們注意。中國的「中」怎樣定位？「外」又如何劃分？比如「我」、「你」、「他」這些代詞，我們從小就知道它們的用法有條件性和暫時性；A 說「我」是指 A，B 對 A 說話時把 A 叫做「你」，沒有人會覺得奇怪。「這裡」、「那裡」都是指示詞，沒有固定的意義；而「此中之國」變成有固定意義的名詞，實在有趣。諸如此類的問題不是單憑純粹語義學就能弄清楚，而是需要長期的、歷史性的、去本質性的眼光才能透徹分析。本書的目的，正是要考察如何賦予「中」、「外」關聯性的、間接性的、實踐性的、歷史性的意義。易言之，外來者應當如何重構內、外的界線。為此我們就需要先說明內部是怎樣觀看外部的。

---

1 「中」之外，漢語中也稱漢民族為「華」、「夏」、「諸夏」及「華夏」，這些都各有其特殊意義。

就此可以在中國歷史上找到很多例子，在我看來影響最大的兩個例子，一個是秦始皇滅東方六國後，為從經濟、政治、文化上彌合矛盾、差異，統一天下而發布「今天下車同軌，書同文，行同倫」政令。[2] 另一個例子是西漢張騫奉命出使西域，於西元前 125 年把他的經歷上奏漢武帝時，預告他遇到的西域人雖然在此之前從沒有接觸過中華文化，一旦見識大漢威嚴，必定會心悅誠服，四方來朝：

> 天子既聞大宛及大夏、安息之屬皆大國，多奇物，土著，頗與中國同業，而兵弱，貴漢財物；其北有大月氏、康居之屬，兵彊，可以賂遺設利朝也。且誠得而以義屬之，則廣地萬里，重九譯，致殊俗，威德徧於四海。[3]

這裡的「九」是虛指，就如我們平常說的「九重天」之「九」，意思是很多，不可勝數。「重九譯」或者簡略的說法「九譯」，實際上是在描述多語的翻譯鏈，很像接力傳話遊戲，只不過傳話鏈上的每個人都要能懂後面一個人的語言，例如一群華人、康居人、大夏人、安息人聚在一起，華人會說康居語，康居人會說大夏語，大夏人會說安息語，華人的新聞就能通過這個翻譯鏈一個接一個傳下去。有了翻譯，無論再遠的地方，華人的大事小情都能傳到。

---

2 見漢・鄭玄注，唐・孔穎達正義：《禮記正義・中庸》，收錄於清・阮元審定，盧宣旬校：《重栞宋本十三經注疏附校勘記》（8 冊）（臺北：藝文印書館，1965 年），第 5 冊，卷 53，頁 898-1。

3 漢・司馬遷：《史記・大宛列傳》（10 冊）（北京：中華書局，1959 年），第 10 冊，卷 123，頁 3166。有關司馬遷對張騫與中亞地理的書寫，見 Tamara T. Chin, *Savage Exchange: Han Imperialism, Chinese Literary Style, and the Economic Imagination* (Cambridge, MA: Harvard University Asia Center, 2014), 170-182。

細心的讀者一定察覺到，這兩個例子之間存在弔詭的關係，秦始皇立意消除差異，要求「一」，張騫卻要把「一」變成「九」或者「多」，二者都是要加強帝國統治，採取的途徑卻又似乎剛好相反。不過這兩種政治手段也不是簡單的兩極分化，當今我們理解「中」、「外」關係的時候經常用到的「自我」和「他者」，就要放在「一」和「九」之間的光譜中考察，這也是本書關注的主題。當然，「一」是政令的要求，在現實中就算真的能強制車輪大小統一，車子畢竟還是要經過千溝萬壑，各種地形。同樣，寫出來的字雖然可以大致統一，各地的發音卻千差萬別，人也分百姓，形形色色，姓張、姓李、姓陳、姓王……要使所有這些都整齊劃一，談何容易。秦始皇在中華帝國統一度量衡，試圖消除差異，可是在帝國之外仍然存在難以調和而且無法預知的差異。「中」和「外」對比明顯，但是處在「中」裡的華人日常講漢語，不會感覺到差異的存在，更不會意識到翻譯的必要性。在這樣的狀況下，華人看待「中」、「外」的問題的方式就是把「他們」看作是「非我們」，「我們」就等於「我們自己」。不過，歷史畢竟是在不斷變遷，「我們」、「他們」的區別並不是鐵板釘釘，而是一直在發展衍化，華人是這樣的，異域人是那樣的，這類說法很草率，應該把注意力放在為什麼會這樣、那樣上。如此我們就可以用開放的眼光，瞭解「中」裡的華人的同質性是專制政令的結果（當然政令的推行並沒有消除所有差異），並知曉華人怎樣通過翻譯和異域人交流，達到「距離的組織」的效果。[4] 華人與異域人通商，在文化上也互通有

---

4 「距離的組織」是卞之琳一首詩的標題，詳細討論見 Lucas Klein, *The Organization of Distance: Poetry, Translation, Chineseness* (Leiden: Brill, 2018),

無，對異域的音樂、舞蹈、服飾、習俗甚為青睞。如此豐富多彩的「九重之譯」，即使用涵義廣泛的外來性、多樣性或多重性，也不足以概括。

有鑑於此，本章從多個面向探討「九重之譯」在現實中的具體運作，考察多種多樣的語言、習俗在與漢字文化接觸後發生了什麼。欣賞、愛好、努力閱讀中國文獻的我不可能不從一個中央的視點開始，但同時我也忠於比較文學那種偏離正統的研究方法。[5] 因此，我只好讓中心性與離心性在迷亂之舞中融合，於拋物線軌道上相遇。

*

說到比較文學，就很難避免歐洲中心論的問題，畢竟比較文學最初的發展侷限於歐洲主要的文學傳統。當然，19 世紀初比較文學概念出現伊始，就已經有人預見普世性世界文化的形成和發展：早在 1827 年，歌德（Johann Wolfgang von Goethe）在閱讀一本漢語小說後，既已獲得「當今的民族文學意義不大，世界文學的時代即將來臨」的啟示。[6] 馬克思（Karl Marx）與恩格斯（Friedrich

---

25-44。

5 理雅各（James Legge）早已推測：「中國之所以被稱為中央之國，顯然源自它被蠻夷部族環繞的看法。」見 James Legge, *The Chinese Classics*（3 冊）（臺北：南天書局，1991 年），第 1 冊，頁 379。杜維明（Wei-ming Tu）就中心性的看法與本文有所不同，見 Wei-ming Tu, *Centrality and Commonality: An Essay on Confucian Religiousness* (Albany, NY: SUNY Press, 1989)。David Damrosch, "World Literature Today," *Symploke* 8 (2000): 7-19 探討比較研究可資借鑒的橢圓雙焦點幾何模型。

6 Johann Peter Eckermann, *Gespräche mit Goethe in den letzten Jahren seines Lebens 1823-1832* (Leipzig: Brockhaus, 1837), 325。英譯見 David Damrosch, Natalie Melas, and Mbongiseni Buthelezi, eds., *The Princeton Sourcebook in Comparative Literature*

Engels）在《共產黨宣言》（*The Communist Manifesto*）（1848）中宣稱：「資產階級通過對世界市場的開發，賦予每個國家以生產與消費的都會特質」，因此「自眾多國家及地方文學中，出現了世界文學。」[7] 諸如此類的主張在今天已廣為流行，持這類主張的學者視「世界文學」中的「世界」為名副其實的全球化「世界體系」。不過，全球化思想的發端是哥倫布航海探險，其後歐洲國家紛紛在各大洲開發殖民地，在拓展政治影響的同時建立經濟關係網絡。[8] 在此歷史背景下產生的比較文學與歐洲中心主義有密切聯繫，其發展進程往往以歐洲為中心、主導力量，難以完全脫離其影響。舉個例子，哥倫比亞大學《比較文學學刊》（*Journal of Comparative Literature*）創刊號評論宣稱，比較研究者所開拓的是「從柏拉圖到歌德所有偉大學者所夢想的新領域，沒有疆界、種族、權力之分，唯以理性為至上。」[9] 學刊編輯 George Woodberry 期盼通過比較學術研究，探索文學與文明的普世性，從而促成「人類的團結一

---

(Princeton, NJ: Princeton University Press, 2009), 22。有關歌德對漢語作品閱讀的討論，見 Heinrich Detering and Yuan Tan, *Goethe und die chinesischen Fräulein* (Göttingen: Wallstein, 2018)；及 César Domínguez, "In 1837/1838: World Literature and Law," *Critical Inquiry* 47, no. 1 (2020): 28-48。

7 Karl Marx and Friedrich Engels, *Selected Works in One Volume* (New York: International Publishers, 1968), 36.

8 參考 Immanuel Wallerstein, *The Modern World-System*, 3 vols. (New York: Academic Press, 1976-1989) 一書中的相關討論。

9 George Woodberry, "Editorial," *Journal of Comparative Literature* 1 (1903): 3-4。就 Woodberry 的學刊及對其的接受，見 Ivan Lupić, "English and Comparative Literature: Idea, Institution, Conflict," in *Author(ity) and the Canon between Institutionalization and Questioning: Literature from High to Late Modernity*, eds. Mihaela Irimia and Dragoş Ivana (Bucharest: Institutul Cultural Român, 2011), 234-243。

致」，並「建立一個跨越國際且和諧統一的同質文明」。Woodberry 氏預見，這一文明的建立以歐系語言為堅實基礎，在此基礎上，「對東方古老文學的開發即將來臨，這是世界文學史上的下一盛事。」他的構想透露的正是歐洲中心論的偏見，完全沒有考慮到他所謂的「東方古老文學」在歌德之前早已存在，有的甚至先於柏拉圖。所謂「開發」之所以被視為文學史上的「盛事」，僅僅是因為歐洲後來者不熟悉這些文化而已。歌德「（當我們的祖先還生活）在山林之中」的說法即委婉地暗示，在歐洲文明尚處在萌芽階段時，東方文明早已在時間的長河中發展演變。

*

「比較文學」的說法一百多年前在中國出現，其中「比較」的意涵是以「中」為前提的「中」與「外」的相遇。

> 文學進化觀念的第二層意義是：每一類文學不是三年兩載就可以發達完備的，須是從極低微的起原，慢慢的，漸漸的，進化到完全發達的地位。有時候，這種進化剛到半路上，遇着阻力，就停住不進步了……
> 一種文學有時進化到一個地位，便停住不進步了；直到他與別種文學相接觸，有了比較，無形之中受了影響，或是有意的吸收人的長處，方才再繼續有進步……我現在且不說這種「比較的文學研究」可以得到的種種高深的方法與觀念……[10]

---

10 胡適：〈文學進化觀念與戲劇改良〉，《新青年》第 5 卷第 4 期（1918 年），頁 311-312。此段引文蒙劉東提示，特此致謝。胡適就文學發展須通過與「別種文學」接觸的主張，或許受到歌德預言的啟發：「每一種文學如果孤立存在，

胡適的觀點如果純粹從文化領域中現象發生的因果關係來看，似乎無可厚非：一個文學傳統發展到一定階段後難以自續、槪守成規，因此變得蒼白無味、陳舊落伍，必須俟候外來新的原動力給它帶來新生。不過，胡適在 1918 年所說的這段話有其具體的語境及特別的用意，在此與當時的中國文學相比較的「他者」並非泛指，而是特指「西方」，主要包括英文、法文、俄文、德文及日文現代文學。這段話絕非東西比較的先聲，當時歐洲與亞洲歷史哲學及國家認同理論研究對東西對照的關注已上升到狂熱程度，但胡適首次提出「比較（的）文學」之說，並且界定了這一術語之後的實踐方式。這樣的東西對照的具體目的，[11] 並不在於認識包括亞洲在內的世界各地難以計數、多種多樣的文學傳統，而是學習、借鑑西方文學，從而探索發展現代文學的途徑。而有關中外文學（此處所指並非享譽盛名的文學月刊，而是「中國—外國文學」這一主題領域）的討論，就是在這種語境中發展成熟的。於是對「中外」這一概念的理解就被賦予特定的意義，「外」指在當時世界文學中處於強勢地位的歐洲及北美。[12] 關注中外比較文學的中國學者，對來自這些

---

不能藉助外來文學的旨趣及增益而重振精神，必將喪失活力。」見 Joel Elias Spingarn, ed., *Goethe's Literary Essays* (New York: Harcourt, Brace, 1921), 92。

11 有關胡適寫作當時，「東」與「西」文化之間雙向區分論戰的文章選集，見陳崧編：《五四前後東西文化問題論戰文選》（北京：中國社會科學出版社，1985 年）。韓瑞（Eric Hayot）指出此類比較的難點所在，見 Eric Hayot, "Vanishing Horizons: Problems in the Comparison of China and the West," in *A Companion to Comparative Literature*, eds. Ali Behdad and Dominic Thomas (London: Routledge, 2011), 88-107。

12 比較與影響研究的綜合討論顯然超出本文範圍。熟悉不同文化典律且深諳成功的文化間交流之秘訣的學者，自然能夠在其著作中選擇適當的例子，如方豪：《中國文學交通史論叢》（第一輯）（重慶：獨立出版社，1944 年）；此外

地區的文學典藏最為重視，這一點從任何現在的比較文學學刊目錄即可一目了然。被拿來與中國文學比較的外國文學大致被限定在特定的時期、特定的文體，而且往往是人們耳熟能詳的經典作家，如荷馬、但丁、莎士比亞、波特萊爾、卡夫卡、喬伊斯、伍爾芙等等的作品。來找我指導的年輕學者所選的比較文學論文題目也大致在此範圍內。這些著作僅僅代表中外比較文學的一小部分，卻幾乎完全佔據該領域的研究。為什麼只有這些例子適用於比較？代表各種各樣「外」的價值，因此可用以比較的例子本應是層出不窮的。學者們比較司馬遷與希羅多德，為什麼司馬遷及《史記》不能與《紐倫堡編年史》、加西索・德拉・維加（Garcilaso de la Vega）或吉爾吉斯英雄史詩《瑪納斯》比較？比較李白與濟慈，卻忽視前者與勝天大師、皮埃爾・維達（Peire Vidal）比較的可能性，或比較曹雪芹與馬賽爾・普魯斯特（Marcel Proust），卻沒有考慮《紅樓夢》與安・拉德克利夫（Anne Radcliffe）或阿卜杜勒凱比爾・卡提比（Abdelkébir Khatifi）作品的可比性——這些例子不見得都有開發價值，但從中可以得到的啟示是：為什麼有些例子被反反覆覆地研究，為什麼不考慮其他的可能？[13]

---

見周發祥、李岫編：《中外文學交流史》（長沙：湖南教育出版社，1999 年）。

13 近期出版的 *Journal of Chinese Literature and Culture* 7, no.1 中，由李惠儀（Wai-yee Li）編輯，以「傳統中國文學的文化他者」（Cultural Others in Traditional Chinese Literature）為主題的論文突破常規，值得重視。錢林森及周寧編的大型國際影響研究系列叢書《中外文學交流史》（17 冊）（濟南：山東教育出版社，2015 年）涵蓋的地理區域廣泛，幾乎將所有國家都收攏到一個統一的框架中。迄今為止，這一系列已收錄衛茂平、陳虹嫣等：《中外文學交流史：中國—德國卷》；郁龍余、劉朝華：《中外文學交流史：中國—印度卷》；王曉平：《中外文學交流史：中國—日本卷》；郭惠芬：《中外文學交流史：中國—東南亞卷》；張西平、馬西尼主編：《中外文學交流史：中國—義大利卷》；錢

然而這正是詩學——我個人最關注的一個領域——當中「中外」研究長期以來的習慣作法，亦即從幾個在學界久經考驗的顯例（渥茲華斯與王維，亞里士多德與劉勰等等），得出所謂能夠表現中國文學特色的原則。「中外」概念裡什麼是「中」，什麼是「外」，也是借用其他領域提出的二元對立的批評話語，如轉喻對隱喻，現實對虛構，空間對時間，自然對意識，擬真對原創，過程對成品，指標對符號等等來區分。此外有學者認為文化之間無法形成完全對應的關係，所以翻譯根本不可能（當然我不否定翻譯的困難性）。此外尚有大同小異的說法，批評翻譯必定會導致原有意義變質。[14] 不無諷刺的是，堅不可摧的「自我」往往要通過「他者」的陳述（或者歪曲）才能呈現，要對此加以理解，第一步是選擇能夠適當

---

林森：《中外文學交流史：中國—法國卷》；劉順利：《中外文學交流史：中國—朝韓卷》；葛桂錄：《中外文學交流史：中國—英國卷》；周寧、朱徽、賀昌盛、周雲龍：《中外文學交流史：中國—美國卷》；趙振江、滕威：《中外文學交流史：中國—西班牙語國家卷》；姚風：《中外文學交流史：中國—葡萄牙卷》；梁麗芳、馬佳、張裕禾、蒲雅竹：《中外文學交流史：中國—加拿大卷》；郅溥浩、丁淑紅、宗笑飛：《中外文學交流史：中國—阿拉伯卷》等。這套叢書收集了多個國家的可靠材料，有參考價值，然而以公式化、實證性的方式構想而成，將「文化交流」發生的層次置於國與國之間，在此基礎上記錄翻譯或模擬。一個國家該如何界定，國家是否始終存在，抑或僅為了文學才存在，影響是否能如此輕易地記錄，諸如此類的問題皆懸而未決。

14 有關嘗試掌握語境化、特別化及暗示性意義的研究，見 John J. Deeney, "Foundations for Critical Understanding: The Compilation and Translation of Encyclopedic Dictionaries of Chinese Literary Terminology," in *Translating Chinese Literature*, eds. Eugene Eoyang and Lin Yao-fu (Bloomington: Indiana University Press, 1995), 315-342。王靖獻對此提出質疑，見王靖獻：〈為中國文學批評命名〉，《亞洲研究學刊》第 3 卷（1979 年），頁 529-534。韓瑞將這些觀點整合並納入一個更為廣大的歷史模式，見 Eric Hayot, "Vanishing Horizons: Problems in the Comparison of China and the West," 97-102。

呈現「自我」的「他者」。

我不是要討論這類選擇的客觀性，僅僅想要理解是什麼決定了這類選擇。從個人經驗而言，我在思考時很難避免聯想到法國文學。法國只是世界上眾多國家之一，而且不是我的祖國，我的思想傾向並不牽涉病理學，而是個人經歷、品味，知性上的忠實、欽慕、挑戰等因素綜合造成的結果。「中外」一詞涵蓋面廣，實際應用卻受到限制，這樣的錯配所見證的是，當代人認為何種文學值得注意，何種著作、風格、運作適用於與中文著作的對照，何種職位有空缺，一般而言我們的同代人有關文學提出何種主張。錯配的結果則是現在主義及研究範圍的不斷窄化。就如視覺與注意力聚焦在一個物體上，就會導致其他物體從視野中消失。[15] 在胡適奏響先聲後，「中外」比較文學受到佔據主導地位例證的支配，導致領域研究千篇一律、缺乏活力。

韓瑞（Eric Hayot）曾問：「如果擺脫現代史學觀下兩個世界模式的支配，另一種世界觀是否會為比較學界帶來新的研究策略？」[16]的確，「兩個世界模式」下建構的中外比較文學傳統雖然帶給我們創造性的啟示，但也存在問題。

---

15 見 Daniel J. Simons and Christopher F. Chabris, "Gorillas in Our Midst: Sustained Inattentional Blindness for Dynamic Events," *Perception* 28 (1999): 1059-1074。就當代亞洲文化研究者處理「亞洲」及相關的國族「他者」的各種方式，見 Lo Kwai-Cheung, "When China Encounters Asia Again: Rethinking Ethnic Excess in Some Recent Films from the PRC," *China Review* 10, no. 2 (2010): 63-88，尤其是頁 71-76；及 Kuan-Hsing Chen, *Asia as Method: Toward Deimperialization* (Durham, NC: Duke University Press, 2010), 211-255。

16 Eric Hayot, "Vanishing Horizons: Problems in the Comparison of China and the West," 104.

「中外」文化研究所固有的侷限顯然不能否定，就此話題，或許有人批評「精英主義」的存在，有人指出殖民主義及自我殖民的傾向，有人發現語言學習或維護國家聲譽所帶來的侷限，有人以此為契機，呼籲在「中外」文化關係中建立真正的中國理論，但這些回答都不足以解決「自我」與「他者」兩極分化的問題。我們應該把視野擴大，認識到有所謂「自我」，其中部分包括內化的「他者」；有所謂「他者」；有所謂「另類」的「他者」；有些「他者」、「異類」甚至達到不能被「他者」認識的程度；一套紛繁複雜的組織關係將所有這些聯結起來。我們重新發現多邊比較文化史的契機正在對此關係之構造的認識中。[17] 本書對此的論述使用文學史上的例證——其本身難免有各種各樣的偏見——將一些迄今被忽視的事件重新帶入視野，讓這些無人問津的對話夥伴加入中外比較研究的研究對象行列。例如，現代學界關注蘇格蘭商人、印度鴉片及英國海軍如何引發清朝廷對遠西習俗的興趣，卻沒有給予中國周邊的文獻翻譯、改編、挪用及比較以足夠的重視。我們不應當作繭自縛，提到「外」就只能想到歐洲人或美洲人，「西」也不必然是倫敦、巴黎、柏林、紐約及加州的想像集合體。千里之行始於足下，作為在「中外」文學研究領域開闊視野、突破限制嘗試的第一步，本書著眼於與中國及漢語相關的研究，意在揭示：第一，「外」可能

---

17 Édouard Glissant, *Poétique de la relation* (Paris: Gallimard, 1990), translated by Betsy Wing as *Poetics of Relation* (Ann Arbor: University of Michigan Press, 1997)；及 Bruno Latour, *Enquête sur les modes d'existence: Une anthropologie des Modernes* (Paris: La Découverte, 2012), translated by Catherine Porter as *An Inquiry into Modes of Existence* (Cambridge, MA: Harvard University Press, 2013)，以上著作的發表為我的研究提供了極大的動力。

包含的不同種類（至少足以讓眾多的翻譯者應接不暇），及第二，「中」與「外」關聯的多種方式，並在此過程中克服受到根深蒂固的本能反應驅使，試圖把繁多的方式化約為有限的幾套模式的傾向。本書所涉及的論題及我的能力都有限，但我希望能夠引導對中國文學及比較研究感興趣的人們，至少把注意力的一部分從建構出來的「西方」轉移，轉向中國周邊的那些需要通過翻譯，甚至「九譯」，才能夠與「中」交流的族群。

本書的緣起是我受國際比較文學學會（ICLA, International Comparative Literature Association）邀請，籌劃的一個長期性、由多位學者組成的東亞文學影響及發展史研究項目。我意識到要作好這個項目的準備，就必須先反思、調整自我的研究態度與知識理念。國際比較文學學會計畫的主旨與目的，在於克服之前建立在歐洲中心主義思想基礎上的研究組織及實踐。這對「中外」比較研究而言至關重要，因為歐洲中心主義實際上是知識的失敗、道德的缺陷，近似於現在主義。持此立場的人或者是出於無知，或者不願花費心思瞭解我們切近的知識範圍與價值以外的他者，佯裝他者不存在，或者試圖通過翻譯，把他者壓縮到我們自己的語言及價值模式之內。諸如此類的作法都有明顯缺陷，補救的一種途徑是填補這一領域中仍然缺失的知識。作為本書的作者，我並沒有任何特別的道德權威，但是希望能夠把我致力於中國研究四十餘年所積累的知識、經驗應用於此。在過往的研究生涯中，我從對一個區域、一個家庭、一種歷史的認識，逐漸擴展到對其他區域、家庭、歷史的認識。雖然我時常會遇到令人震驚或厭惡的事物，仍然逐漸對歐洲以及中國有了一定程度的瞭解。也正因為如此，如果我的意識中存在歐洲中心主義的本能反應，至少有中國中心主義可以與之抗衡，當然因為同樣的理由，也要時時提醒自己不要為中國中心主義左右。「自我」的概念是通過與他者或外人的對照形成的，因此要正確全面地瞭解自我，對他者或外人的瞭解不可或缺。在此過程中對所使用的特定文獻、術語、事件及模式不能不加區別的支持或否決，否則就難以發覺其中蘊含的深意。當然我們也不能忘記，「中外」文學比較研究所遵循的原理並不是負負得正，本書討論「他者的他者」，但這絕不意味著從「他者的他者」，就能回歸到自我。[18]

---

18 見 Christopher Bush, "The Other of the Other? Cultural Studies, Theory, and the Location of the Modernist Signifier," *Comparative Literature Studies* 42 (2005): 162-180。Bush 氏提供「在與『理論』認同達成一致的內部他者性，及文化差異他者的他者性之間的交涉中，解讀文學現代主義形式實踐的一種途徑。」（頁 164）這一策略的應用範圍遠遠超出文學現代主義。

# 第一章
# 殊方九譯之俗：多語亞洲作為文學系統

本書分為五章，從不同面向探討前現代文化中國怎樣與外人聯繫的主題。前現代這一時間範圍的界定有其重要性：在大約 1850 年之前，華人一直都認為中華文化及社會在天下處於中心地位，無論在教育、能力、素養、組織上都遠遠超過周邊的族群，不可能存在任何缺陷。人們普遍認為這種意識的轉折點是鴉片戰爭，此歷史事件也標誌了現代中國的開端。在此之前，中國是天下的中心，在此之後，華人逐漸意識到自己偏居一隅，已經落後於他者，要迎頭趕上，就必須摒棄老一套的成規，採用現代、全球或西方思考、行為及表現的標準。

有關此轉折點的敘述，一般著眼於其後中國在現代化的過程所經歷的種種危機、苦難、超越。我個人認為 1850 年之前的情況給予我們更多自不同視角思考現在的契機，不容忽視。而我們當今也正面臨傳統思考歷史、文化及世界秩序的分類方式瀕臨崩壞的歷史時刻，第一世界、第二世界與第三世界，或「發達」與「發展中」世界，自由世界與社會主義陣營，北方世界與南方世界，右派與左派，殖民強權與反殖民或去殖民力量，精英與庶民，新自由主義組織與社會民主主義政體，諸如此類的區分都已經成為空洞的口號，無法描述我們所處的情境。我們迫切需要從不同視角思考如何瞭解過去，從而面對現在。我們的中國敘述當然貫穿這些類別，同時也從更長遠的歷史視角思考、面對歷史中模稜兩可、容許多種解釋的事件、現象。我不是預言家、空想家，也沒有靈視才能，為了研究文化的地緣政治這一不易駕馭的課題，我選擇聚焦於翻譯，由此切入對此廣大領域的研究。

當今翻譯研究生機勃勃，在亞洲也是方興未艾。但亞洲的翻譯研究自 20 世紀初以來，就一直著眼於歐系語言與中文、韓文、日文之間的互譯及相關主題。翻譯本應促進雙向交流：歐系語言著作翻譯為亞系語言，亞系語言著作翻譯為歐系語言。即使僅從數量上及影響上泛泛來看，都可以確認這兩種翻譯的輕重差別懸殊。以我所熟悉的領域，漢語翻譯研究為例，外語著作的翻譯與現代文學在中國同時出現，翻譯研究也因此明顯傾向於過往兩百年間俄國、法國和英國文學創作，而非更為早期的中國詩歌及小說。[1] 梁啟超在 1920 年寫到：「今（中國歷史上）第二度之翻譯時期至矣」。[2] 他

---

1 有關這一主題的討論，見王佐良：《中外文學之間》（南京：江蘇人民出版社，1984 年）；戈寶權：《中外文學因緣：戈寶權比較文學論文集》（北京：北京出版社，1992 年）；Leo Tak-hung Chan, ed., *Twentieth-Century Chinese Translation Theory: Modes, Issues and Debates* (Amsterdam: Benjamins, 2004)；宋炳輝：《方法與實踐：中外文學關係研究》（上海：復旦大學出版社，2004 年）；Eva Hung and Judy Wakabayashi, eds., *Asian Translation Traditions* (2005; reprinted, London: Routledge, 2014)；Luo Xuanmin and He Yuanjian, eds., *Translating China* (Boston: Multilingual Matters, 2009)；Mark Gamsa, *The Reading of Russian Literature in China: A Moral Example and Manual of Practice* (New York: Palgrave, 2010)；Michael Gibbs Hill, *Lin Shu, Inc.: Translation and the Making of Modern Chinese Culture* (Oxford: Oxford University Press, 2012)；王宏志編：《十九世紀至二十世紀初東亞翻譯與現代化》（香港：翻譯研究中心，2017 年）；羅選民：《翻譯與中國現代性》（北京：清華大學出版社，2017 年）。

2 梁啟超：〈翻譯文學與佛典〉，收錄於《飲冰室文集》（上海：中華書局，1926

顯然以漢唐時期大規模的佛典翻譯為第一時期，而第二時期尚在繼續。正如謝少波（Xie Shaobo）所說，翻譯現代化與翻譯中國幾乎被等量齊觀；亦如劉禾（Lydia H. Liu）指出的，中國的現代化是被翻譯的現代化。[3]

中國現代文學興起伊始，沒有延續古典文學傳統，而是借鑑外國文學，這是貧乏、疲憊、挫敗情緒刺激的結果，彷彿三千年的中國歷史難以繼續，需要注入新的血液。一直以來「中」「外」翻譯的主導模式，從「中」到「外」，從中央到邊緣的單向翻譯至此逆轉，華人從文化意義上的「佔有者」跌落到「缺乏者」，並走向自我邊緣化的極端。百年之後，這一互動模式仍在今天的學術論述中佔據主導地位。現代學者認識到翻譯對現代中國文學及思想的重要性，因此堅定捍衛此近期形成的傳統，抵制對其派生性、邊緣性及膚淺性的指摘。他們將精力注入自清代以降中國翻譯者所建構資料庫的選擇、創造性改寫及原創性面向的研究，也就不足為奇了。

「中」「外」翻譯交流渠道「外」的一端獲取信息的情況則截然不同。龐德（Ezra Pound）、李約瑟（Joseph Needham）、葛瑞漢（A. C. Graham）、安樂哲（Roger Ames）等認為翻譯有改造文化接受端的詩歌語言、思考取向或社會與政治的潛能，然而此類想法在漢語向歐系語言如法語、英語或德語翻譯的領域遠非主流，甚至被認為不同尋常、稀奇古怪。龐德等認為翻譯凸顯了翻譯者自

---

年），頁 61/1a-24b。

3　Xie Shaobo, "Translating Modernity towards Translating China," in *Translating China*, eds. Luo Xuanmin and He Yuanjian, 135-156；Lydia H. Liu, *Translingual Practice: Literature, National Culture, and Translated Modernity* (Stanford, CA: Stanford University Press, 1992).

身，龐德、韋利（Arthur Waley）或霍克思（David Hawkes）主張翻譯「為我們的時代創造中國詩歌」。[4] 我們或許可以接受此說法，以及那些不懂原文的人所作的翻譯，因為譯作的讀者也不懂，無法檢驗譯文是否忠實於原文。在強勢文化與邊緣文化之間，前者文獻的翻譯對後者而言是必要的，甚至稱得上提供了生命線，而邊緣文化文獻的翻譯對強勢文化而言則可有可無，至多具有教育性。在此情況下，翻譯者也隱而不顯（如韋努蒂〔Lawrence Venuti〕即持此立場）。[5] 即使不考慮翻譯者的個性及動機在譯文中是隱是顯，翻譯也是強勢文化強化其主導地位的途徑。翻譯賦予屬於強勢文化的讀者及思想者以更多的知識寶藏和資源，拓展他們的世界，傳遞豐富的經驗，可謂是錦上添花。反之，當強勢文化語言被翻譯為弱勢文化語言時，所發揮的作用則是彌補弱勢群族的某種缺陷。翻譯或許可以被當作公眾教育的手段，它對廣大讀者發揮的作用大致等同於語言學習對個體發揮的作用，並在多個層面上連結中心與邊緣。設想一個聰明的俄國或中國的孩子在家庭環境中講本族語言，如果有機會在學校學習標準語，不僅能夠開啟標準俄語或漢語書籍的文化寶藏，也能獲益於翻譯成這些全球性語言的譯作。由此看來，強勢語言的學習並不應該被視為文化屈服，而可以是實用的，有益於學習者。[6] 有人把「新自由主義王國的語言帝國主義」標籤貼在全

---

4　龐德「為我們的時代創造中國詩歌者」的說法來自艾略特（T. S. Eliot），見 Timothy Billings, *Cathay: A Critical Edition* (New York: Fordham University Press, 2019), 15。

5　Lawrence Venuti, *The Translator's Invisibility: A History of Translation*, 2nd ed. (New York: Routledge, 1995, 2008)。中譯見張景華、白立平、蔣驍華譯：《譯者的隱形——翻譯史論》（北京：外語教學與研究出版社，2009 年）。

6　雙語的實用功能，在現代可以畢贛導演《路邊野餐》（2015）為例。影片中

球化的英語上並口誅筆伐，他們顯然忽視了學習強勢語言的實際效用。[7]

英語當今是享有「光榮孤立」美名的強勢語言，大量的英文經典，從喬叟到莎士比亞到欽定版聖經／詹姆士王譯本到《魯拜集》、《天方夜譚》及格林兄弟童話，都經過翻譯。然而時勢變遷，英語的強勢地位能夠持續多久無從得知，強勢語言的地位隨時可能改變，此消彼長，明天或許另一種語言的地位上昇，成為新的強勢語言，給予講這種語言的人豐富的知識資源。文言文就經歷了這樣的地位突變。1850 年之前，東亞人說到受教育，皆指學習文言文，如果有接觸文言文文獻的條件，極少會考慮其他文學傳統。即使在雙語文化，或更準確地說兩種文化並行的環境中，當地人有自己的書寫系統，但仍然視漢語為地位更高，流傳更廣的語言。[8] 自 1860 年代起，一股突如其來的翻譯浪潮顛覆了漢語在東亞的強勢地位——這一時期最為頻繁地被翻譯的是俄文文獻，譯文最初使用的

---

的主角，一位貴州居民以標準中文書寫，但以方言朗讀他寫的詩。可見畢贛：《路邊野餐》（臺北：前景娛樂有限公司，2016 年）。感謝王雅琪提供這條材料。

7 Robert Phillipson, "The Linguistic Imperialism of Neoliberal Empire," *Critical Inquiry in Language Studies* 5 (2008): 1-43；及 Aamir R. Mufti, *Forget English!: Orientalisms and World Literatures* (Cambridge, MA: Harvard University Press, 2016)。有關語言與媒介的傳播，見 Alexander Beecroft, *An Ecology of World Literature: From Antiquity to the Present Day* (London: Verso, 2015)。史書美（Shu-mei Shih）探討中華帝國歷史記憶的必要性及其為邊緣或混合群族建立的地位，見 Shu-mei Shih, "The Concept of the Sinophone," *PMLA* 126 (2011): 709-718。

8 見 Peter Kornicki, *Language, Scripts, and Chinese Texts in East Asia* (Oxford: Oxford University Press, 2018)；及 Zev Handel, *Sinography: The Borrowing and Adaptation of the Chinese Script* (Leiden: Brill, 2019)。

語言不是漢語，而是日語。[9] 從這個例子，我們可以觀察到文言文與翻譯之間此強則彼弱的對抗形勢。不過，如果從更長遠的視角來看，文言文的文化力量強大，翻譯在中國沒有能夠持續不斷，而是斷斷續續，僅在危急、異常時刻才受到重視，危機一過就又落入不受重視的境地。在我所考察的中國三千年歷史中，最常見的交流方式採用漢語的單語模式，因此在討論中國的翻譯時，我們著眼於偏離一般單語模式的例外，而所有的例外自然都有其出現的緣由，有待我們探索。

每一種都在一定程度上挑戰國家中心主義，然而與此同時也尋求協調。市場所能容忍的限度有多大？受眾願意接受什麼？對新鮮事物是否好奇？讓他們感興趣的新鮮事物是否和上輩人喜好的「新奇」異國情調大同小異？翻譯者在翻譯實踐中往往選擇遷就強勢文化，不與其偏見正面對抗。在任何相互交流的場合，合作總是優於衝突。[10] 但是有時衝突不可避免，畢竟翻譯所傳達的內容是外來的，可能與受眾習以為常的理念格格不入，甚至令人震驚，引發抵制心理。抵制程度大小，如何對應，都要視情況而定。

我在《作為引文的翻譯》（*Translation as Citation: Zhuangzi Inside Out*）一書中曾用過一個例子，在此可以啟發我們的思考。早期中國的佛經譯者都無法迴避源自印度的「沙門不敬王者」說。

---

9　見 Indra Levy, ed., *Translation in Modern Japan* (New York: Routledge, 2011)；Mark Gamsa, *The Reading of Russian Literature in China: A Moral Example and Manual of Practice*。

10　見 Paul Grice, "Logic and Conversation," in *Studies in the Way of Words* (Cambridge, MA: Harvard University Press, 1991), 22-40；及 Jürgen Habermas, *The Theory of Communicative Action*, trans. Thomas McCarthy, 2 vols. (Boston: Beacon, 1981, 1984)。

在印度的瓦爾那（Varṇa）或種姓制度下，婆羅門祭司壟斷宗教祭祀且不必服兵役，較統治者及軍士所屬的剎帝利種姓更為聖潔也更受尊重。佛教徒不信奉印度教，尤其是種姓純潔的教義，但佛僧仍然受益於為印度教所設立的成規，不必敬服王者。「沙門不敬王者」與中國源遠流長的普世王權思想則無法相容。戰國時期諸侯稱雄，戰亂不斷，禮崩樂壞，「普天之下，莫非王土；率土之濱，莫非王臣。」[11] 的普世王權思想因應分崩離析的政治、社會狀況而發展成熟。戰國儒家思想代表人物孟子即稱：「天下惡乎定？吾對曰：『定于一』」，[12] 為帝國存在的正當性提供理論依據。僧人無視敬服皇權的要求，獨立於俗世權威，這是普世王權思想所無法容忍的。圖謀篡位、覬覦王位的東晉將領桓玄（369-404）曾寫信給慧遠（334-416），企圖脅迫僧伽禮敬君王，服從權威。慧遠以其睿智博學加以反駁，限於篇幅，在此我無法詳細討論，直接講這場爭論的結局：桓玄脅迫佛教徒的企圖遭受挫敗，無可奈何之下，聲明自己敬畏翻譯者闡明的遠方教義的非凡力量：「有人於此奉宣時命遠通殊方九譯之俗，問王當資以糇糧錫以輿服不？」對此桓玄君臣似乎在認同之外別無選擇。這當然只是藉口，桓玄無法迫使僧人屈服於的王權論，只能故作姿態，向翻譯者致敬，把整個事件的始末歸於翻譯者的非凡能力。[13] 不過桓玄所說在某種程度上也符合現實，他肯定

11　漢・毛亨傳，漢・鄭玄箋，唐・孔穎達正義：《毛詩正義・北山》，收錄於《重栞宋本十三經注疏附校勘記》，第 2 冊，卷 13，頁 444-1。

12　漢・趙岐注，宋・孫奭疏：《孟子・梁惠王上》，收錄於《重栞宋本十三經注疏附校勘記》，第 8 冊，卷 1 下，頁 21-1。

13　Haun Saussy, *Translation as Citation: Zhuangzi Inside Out* (Oxford: Oxford University Press, 2018), 84-88。亦見黃俊傑：〈東亞儒佛論諍與會通的思想史考察〉，《東亞儒家仁學史論》（臺北：臺大出版中心，2017 年），頁 238-239。

翻譯佛經的功業，使僧伽團體能夠置身於王權統治之外，處於通過「九譯」才能溝通地域的說法。六朝時期千百僧眾建造了遍佈各地的眾多寺廟，桓玄對此視而不見，卻把他們得以「不敬王者」的理由歸於外來文獻的力量，由此可見，佛經譯本的力量何其強大。

桓玄的例子顯示，文學傳統堅持遵循自身的標準，不為外來權勢左右，並要求翻譯也尊重自此標準定立的法則。桓玄威脅到佛教徒獨立於王權的特殊地位，在此之關鍵時刻，慧遠臨危不亂，直面挑戰，廣徵博引《莊子》、《論語》及其他中國經典文獻，回應桓玄。他雖然是方外之人，卻博學多聞，融通內外典籍的能力遠遠超出朝廷官員。早期佛經翻譯所使用的「格義」，其實也是通過巧妙選擇，使用廣為華人接受的經典文獻篇章傳播佛教思想，在新語境中高明地再利用、改造舊文獻。這一翻譯策略在中國文學史上被反覆使用，我稱其為「作為引文的翻譯」。如徵引《易經》，但徵引的方式讓引文看起來彷彿出自希伯來《聖經》作者之手，使用概念上的雙關更新經典的意義。此外，翻譯者所採用的風格也效法中國文學創作的慣例及風格，極盡心力潤飾點綴，就像當年利瑪竇（Matteo Ricci）為了能融入明代的知識人群體，言行舉止都效法明代山人，以便傳教。[14] 而正因為如此，翻譯者極少顧及譯文是否忠實於原文，這並不足為奇，在當時很少有讀者能夠接觸到原文，對

---

「九譯」之說至桓玄時已有漫長的歷史：見「引言」註 3 及漢・韓嬰：《韓詩外傳》（上海：商務印書館，1922 年），卷 5，頁 13。這兩段中的「九譯」之說皆被置於四海臣服中國政權威德的語境中。

14 有關利瑪竇化身山人的經歷，見 Matteo Ricci, *On Friendship: One Hundred Maxims for a Chinese Prince*, ed. and trans. Timothy Billings (New York: Columbia University Press, 2009), 15-17。

《聖經》、西塞羅、亞里斯多德更是知之甚少。不迎合當地人口味，譯文恐怕難見天日。譯者顛覆、挪用與原文毫不相干但又為讀者熟知的權威經典，偷梁換柱，暗中傳達譯者的意思，使用「弱者的武器」，[15] 使譯文在潛移默化中為大眾接受。

適應文學環境的需要越迫切，外來文獻的外來性就越不受到重視。翻譯的這一傾向由來已久，早在西元 360 年前後，佛教大師、方丈道安在〈摩訶鉢羅若波羅蜜經抄序〉中就歷數翻譯外來文獻時遇到的文本遺失問題（「五失本」）及種種困難（「三不易」），這篇序文為中國翻譯理論奠定了基礎。羅新璋稱讚道安「力主矜慎……完全是直譯派的做法，務求忠實審慎，兢兢於不失本。」[16] 然而如果仔細查看，我們會發現道安在這篇序文中所討論的不是翻譯，而是編校。道安顯然不通「胡語」（可能指巴利文、梵文或佛教經典傳入中國過程中所使用的其他幾種語言）。他在這篇序文中稱，來自吐魯番的佛教大師鳩摩羅跋提「獻胡大品一部，四百二牒，言二十千失盧。失盧三十二字，胡人數經法也。即審數之，凡十七千二百六十首盧，殘二十七字，都并五十五萬二千四百七十五字。」[17] 道安缺乏理解原文的語言能力，但這並未妨礙他在各種譯文版本的詞句及章節之間作簡單的量化比較。他的作法，打個比方，就如我既不懂亞美尼亞語，也不懂喬治亞語，我手上有一份用

15　見 James C. Scott, *Weapons of the Weak: Everyday Forms of Peasant Resistance* (New Haven, CT: Yale University Press, 1985)。

16　羅新璋：《翻譯論集》（第二版）（北京：商務印書館，2015 年），頁 3。

17　《出三藏記集》卷 8（CBETA 2021.Q3, T55, no. 2145, 52b13-18）。此外見 Erik Zürcher, *The Buddhist Conquest of China* (Leiden: Brill, 2007), 202-203；周伯戡：〈庫車所出《大智度論》寫本殘卷之研究——兼論鳩摩羅什之翻譯〉，《國立臺灣大學歷史學系學報》第 17 期（1992 年），頁 65-106。

這兩種語言寫成的法律文件，即使不能理解其中的內容，仍然可以大略分辨兩個語言版本中是否包括相同數量的段落及句子，並據此確定是否存在缺失或增入段落等明顯問題。道安在序文中解釋翻譯過程中問題出現的原因：

> 譯胡為秦。有五失本也。一者胡言盡倒，而使從秦，一失本也。二者胡經尚質，秦人好文……斯二失本也。三者胡經委悉，至於歎詠，叮嚀反覆，或三或四，不嫌其煩……四者胡有義說，正似亂辭，尋說、向語，文無以異，……五者事已全成，將更傍及，反騰前辭，已乃後說，而悉除此，五失本也。[18]

「失本」、「不易」的說法，唯有從編校而不是從翻譯角度才能正確理解。在此，道安所做的是對照過往的翻譯，找出不同版本在字句及段落數量上的分歧，並將這些分歧解釋為「胡」與「秦」之間文學品味的差異。由「胡經」、「不嫌其煩」的說法可知，他不堅持翻譯要不惜一切忠實於原文，而是從相對主義立場看待不同習俗、態度。作為佛經譯本典藏的編校者，道安奉行的圭臬是保障典藏中文

---

18 南朝梁・僧祐：《出三藏記集》卷 8（CBETA 2021.Q3, T55, no. 2145, pp. 52b23-c2）；亦見高楠順次郎等編本，收錄於《大正新脩大藏經》（100 卷）（東京：大正一切經刊行會，1924-1932 年），卷 55，頁 52b-c。（CBETA 中所收的《大正新脩大藏經》著作用 T 加一個數字指示。）此外見 Martha P. Y. Cheung, ed., *An Anthology of Chinese Discourse on Translation*, 2 vols., 2nd ed. (London: Routledge, 2014), 79-83。華人在外文文獻中注意到繁冗及內部組織的缺乏的最早記載為明確比較佛教、道家及儒家優劣的《牟子理惑論》（約西元 200 年前後）。見南朝梁・僧祐：《弘明集》卷 1（CBETA 2021.Q2, T52, no. 2102, pp. 1b01-7a22）；亦見北京：中華書局，2011 年版。

獻的完整與一致。為了達到一致，道安倡導「合本」的作法，即力求各個版本之間相合，這個說法通常被認為與道安「案本而傳」，或根據文本來傳達的主張同義，但道安沒有將佛經譯本與原文對照的語言能力，他僅僅是以他的所知所能，比較同一文獻的不同譯本，尋找缺失或者增入的段落，確保從他門下傳出的文獻相互一致。

如果從我們今天對翻譯家的定義——具有雙語能力，能將以語言 A 所說的話用語言 B 重述——來看，道安算不上是翻譯家。他在以上序文中的評論是從翻譯的接受端，或編校譯本者的立場而發。他在佛經翻譯事業上所發揮的最大功能，是建立了匯集不同版本並相互對照，確立最終版本的標準與方法。他將這些方法應用於當時所有的佛經譯本上，創造出一個新的、高度可信的單語（漢語）佛經圖書館。在此，「可信」指今天的試驗及統計中所使用的「可信」，區別於「有效」。（「可信」指受測試的成員更有可能對一個問題給出相同的答案；「有效」則是不同的考量，牽涉到答案正確與否。）道安不懂「胡語」佛經原文，如果翻譯原文時發生錯誤，但所有譯本之間一致，道安無法發現錯誤，難以達到「有效」性。但他通過譯本的對照，保障漢語術語、詞彙在使用上保持一致，從而確立「可信」性。「可信」的漢譯本讓僧眾能夠以共同語言相互溝通，不失為好的標準。在面對無法實證的理論，如形上學理論時，一致性是凝聚一個團體必不可少的條件。4 世紀末已有大量佛經譯本通行於世，而具有「胡」「漢」雙語能力的僧人很少，能夠檢視原文的資源極為匱乏（許多原文以外來僧人記憶背誦，而不是以書寫方式帶入中國）。在這種情況下，道安處理大量佛經譯本的唯一方式，借用李小龍的名言，就只有「不譯而譯」，[19]亦即依靠編校。

1800 年以前，中國的翻譯作品中包括數量龐大的佛教文獻譯本或重新合成本，此外雙語或經過翻譯的外交通信、條約及其他發給或收自操外語者的行政文件數量也很可觀。如果把這些文獻都排除在外，將考察對象限制在嚴格意義下的文學譯本，亦即從其他語言翻譯為漢語，牽涉想像、學習或論證的文獻，數量寥寥無幾。我通過排除法界定翻譯文學作品的範圍，意在凸顯用漢語創作的文學作品與翻譯作品在數量上差距懸殊，後者因此常常被忽視，這是中國文學的一個重要事實。也正因為如此，文學譯作所能揭示的傳統中國文化的另類特質也就格外值得關注，我們應該對其加以描述、解釋，並將其語境化。今天，我們生活在梁啟超所謂的「（第二度之）翻譯時期」中，很可能想當然地以今度古，以為人類自古至今一直都在從事翻譯或類似的活動。以上道安的例子提醒我們，牽涉多種語言的活動並不都是翻譯，有些活動與翻譯之間存在微妙但又不可化約的差異。當代人往往把翻譯一詞的含義無限膨脹，以至於任何溝通行為、關係、干預、對話、隱喻、發現都被視為某種意義上的翻譯。這類意識的危險性在於，它很可能使我們對語言學上的差異，某種語言及其講者團體之間特定的協調模式等問題視而不見，而這些問題都是在翻譯文學領域應當著力研究的。[20]當然，我並不否認多種多樣與翻譯大致相同的文化調節，或不苛求與原文完全對

---

19 Robert Clouse, dir., *Enter the Dragon* (DVD; Burbank, CA: Warner Brothers Home Video, 1998)。李小龍原話為「不戰而屈人之兵」。

20 George Steiner, *After Babel: Aspects of Language and Translation* (Oxford: Oxford University Press, 1975), 47, 198 中討論翻譯極大化的主張。

應的某種程度的翻譯的存在。翻譯的定義也有廣狹之分，狹義的翻譯可被界定為具有雙語能力的人將一種語言的文獻轉化為另一種語言的文獻。廣義的翻譯包括範圍則更大，可以涵蓋道安所從事的編校，也可以指跨媒介的改編、抄寫等等建立在語言基礎上的協調文化差異的方式。在這些範圍之內，翻譯也可以採取不同方向：將外語翻譯為漢語的內向翻譯，及將漢語翻譯為其他語言的外向翻譯。諸如此類的差異都值得關注。對不同文化協調方式的掌握，有助於整體地、清晰地理解中國文學史及亞洲文化交流。

人類語言與群體之間的協調方式千差萬別。以上所舉的例子中，司馬遷提到「九譯」的翻譯鏈，道安則建立翻譯體制，提出編校譯作所應遵循的原則，確保從多個外來渠道輸入的佛經譯本的可靠性。此外也不能忽視翻譯工具、技術，如漢語書寫體系或阿拉伯數字，在突破操持不同語言群體之間的區隔上起到的推進作用。不過技術、工具所發揮的效用不完全都是正面的，例如漢語書寫體系對翻譯起到了極大的推動作用，同時也成為極大的阻礙。

早期佛經的傳播過程也就是翻譯的過程，中國佛經在歷史發展進程中則經歷了內向翻譯及外向翻譯。異域，如康居或和闐的僧侶來到中國，通過背誦或書寫的形式將「胡語」經文傳給精通「胡」「漢」雙語的譯者，譯者將其意譯為漢語，然後由抄寫者記錄。此內向翻譯過程極少一步到位，往往要經過多次改寫或重寫，直至佛經被轉化被為世人接受的文言文形式。不過這遠非翻譯的終點，經過翻譯的漢語佛典很可能再通過外向翻譯，轉變為用越南、朝鮮、日本、維吾爾或其他地域所使用的在地用語寫成的佛經。「白讀」這一語言學術語看似簡單，實際上涵蓋了多個階段的文獻意義、注者或參與者能力的協調，近似語言體系內部使用的注釋，晦澀難懂的古文獻通過朗讀並雜以易懂的解釋，以便讀者能夠理解。這種注釋必定每天都在遍布中國的學校、寺院、行政部門中進行。不僅如此：

> 魏德中（John Whitman）稱：「以白話注釋漢語文獻，這是漢字文化圈內非漢語講者普遍使用的一種語言慣習」，「識字，指能夠以本地語言朗讀在現代讀者看來……用『漢語』寫成的文獻。」魏德中頗具說服性地指出，至少在朝鮮及日本，各種注釋活動對真正的白話寫作的發展而言不可或缺……深諳文言文者或許能夠邊朗讀邊翻譯成白話。如果是短小的文獻，尤其是有既定結構的文獻，如外交公文、行政命令等等，可能問題不大。但如果是更長且更複雜的文獻……即使最博學的抄寫者也恐怕難以勝任，更不要說那些缺乏訓練及經驗者。[21]

---

21 Zev Handel, *Sinography: The Borrowing and Adaptation of the Chinese Script*, 81-82 徵引 John Whitman, "The Ubiquity of the Gloss," *Scripta* 3 (2011): 95-121。有關注釋及文字起源的討論，見 David B. Lurie, *Realms of Literacy: Early Japan and the History of Writing* (Cambridge, MA: Harvard University Asia Center, 2011)，尤其是頁 169-212；及金文京：《漢文と東アジア：訓読の文化 》（東京：岩波書店，2010 年）。Si Nae Park, "The Sound of Learning the Confucian *Classics* in Chosõn Korea," *Harvard Journal of Asiatic Studies* 79 (2019):131-187 中有包括關涉漢語文獻口頭或聽覺白話化的詳細討論。有關某些漢文書籍在朝鮮及日本的傳播，見張伯偉：《東亞漢籍研究論集》（臺北：臺大出版中心，2007 年）、《域外漢籍研究入門》（上海：復旦大學出版社，2012 年）；及卞東波：《域外漢籍與宋代文學研究》（北京：中華書局，2017 年）。Atsuko Ueda, "Sound, Scripts, and Styles: *Kanbun Kundokutai* and the National Language Reforms of 1880s Japan," *Review of Japanese Culture and Society* 20 (2008): 133-156 探討日本使用的多種注釋、白話化類型，及明治維新者如何將漢字確定為相對於日語書寫的一種外來語。有關漢文訓讀體的注釋慣例如何被應用於

以白話口頭或書面形式注釋漢語文獻，是為了方便日常用語非漢語的大眾理解。在漢語體系之內，白話翻譯並不一定改變文字，最為明顯的改變是聲值，或者為教育水平有差異的讀者作一定程度的內容及可讀性調整，或者加入口語符號或圖像符號，使譯文更容易為讀者接受。更進一步的轉化是在國際交流上使用文言文的國家，通過新發明的本地文字，意譯、暗示、重構或以其他方式重寫漢語文獻。這種轉化是否是翻譯？是又不是，它是另一種形式的，不完全的翻譯。讓我們用一個例子更精確地描述此轉化過程，從而想像它如何運作：一位 16 世紀的朝鮮文人，母語是朝鮮語，但自幼接受背誦、評論、書寫中國古典文獻的訓練。他的漢語發音不見得如北京人那樣標準，但他可能絲毫沒有意識到自己的口音，更不會將漢語看作外語。他無疑可以在朝鮮語與漢語之間轉換自如，用朝鮮語表達對漢語經典的想法。他的妹妹如果不是生長在思想極為開放的理想文人家庭中，恐怕沒有接受漢語教育的機會，對她而言漢語可能就是外語，朝鮮語是日常使用的口語及書寫用語。如果兩兄妹討論程朱對孟子思想的詮釋，他們的對話中有多少成分是將漢語文言文轉化為在地用語（朝鮮語），多少成分是翻譯？這個例子牽涉到漢語文獻向新領域的延伸（哥哥接受跨國界、跨語種的漢語經典原文教育），外向翻譯（妹妹不能直接閱讀漢語文言文，僅能讀朝鮮文譯本），如果妹妹用朝鮮文傳達的觀點啟發哥哥，哥哥以漢語文言文加以闡發，在一定程度上還牽涉內向翻譯。

---

非漢文的討論，見 Matthew Fraleigh, "Rearranging the Figures on the Tapestry: What Japanese Direct Translation of European Texts Can Tell Us about *kanbun kundoku*," *Japan Forum* 31 (2019): 4-32。

熟讀漢語文言文文獻的朝鮮學者，應當被置於中國之「外」還是之「內」？這個問題看似簡單，實際不易回答。在中國歷史上很長一段時間，我們今天所謂的韓朝曾是鼎足而立的高句麗、百濟及新羅，這些王國無疑被漢人視為「東夷」。[22] 以上我們假想的朝鮮家庭所在的時代（16 世紀），當時的中國處於明代中期，朝鮮王朝不是明朝的行省，但與中國文化及政治體系緊密結合到無以復加的程度。朝鮮人參加明朝的科舉考試，他們寫的詩歌、文章也被錄入漢人選集中。明末清初錢謙益與柳如是編《列朝詩集》（1652）中選錄多位朝鮮王朝作者的作品，其中包括出身貴族家庭的女詩人許蘭雪軒，足見漢語詩歌語言突破國際及性別限制的能力。[23] 眾所周知，朝鮮學者在清兵入關，問鼎中原經過幾世代後，仍恪守明代曆法及儀式，甚至自封朝鮮王朝為「小中華」。[24] 可以想像在這樣的

---

22 中國史書中有關「高句麗」的記載，如北朝齊・魏收：《魏書・高句麗列傳》（8 冊）（北京：中華書局，1974 年），第 6 冊，卷 100，頁 2213-2217；唐・魏徵：《隋書・高麗》（8 冊）（北京：中華書局，1973 年），第 6 冊，卷 81，頁 1813-1817，都使用「東夷」的指涉。

23 Sixiang Wang, "Loyalty, History, and Empire: Qian Qianyi and His Korean Biographies," 探討錢謙益與朝鮮王朝關係，收錄於 *Representing Lives in China: Forms of Biography in the Ming-Qing Period 1368-1911*, eds. Ihor Pidhainy, Roger Des Forges, and Grace S. Fong (Ithaca, NY: Cornell University East Asia Series, 2019), 299-332。

24 1644 年滿清的建立及其後對中國的統治，使朝鮮與日本觀者得出「明朝後無中國」的結論。見葛兆光：《何為「中國」？疆域、民族、文化與歷史》（香港：牛津大學出版（中國）有限公司，2014 年），頁 149。明朝的覆滅令人震驚，林鵞峰（1618-1680）首創「華夷變態」之說，這些事件意味著「中國」或「天下」所代表的文化正統性不必限制在發源地，亦可應用於任何保存儒家構想的文明的地區。有關明代滅亡帶給忠實於明代文化政治傳統的朝鮮的命名及禮節危機，見孫衛國：《大明旗號與小中華意識：朝鮮王朝尊周思明問題研究，1637-1800》（北京：商務印書館，2007 年）；及

文化氛圍中成長的朝鮮文人，如果被告知他與妹妹用朝鮮文討論孟子或朱熹，是一種形式的外語翻譯，應該會憤怒地抗議：「外國！你指夷狄嗎？」在中國與朝鮮的文化交流中，翻譯佔據怎樣的地位？要回答這一問題，必須將以上探討的因素納入考量。翻譯暗示外來性、差異性、兩種（或多種）語言之間難以互通，唯有通過翻譯才能超越的語言差異的鴻溝，而鴻溝兩側的人們或許對其大小的估量又有所不同。處於中央的漢人民眾對語言能力有一種的理解，處於邊緣的異族民眾有另一種理解，男性與女性對此的看法也各不相同，不同社會階層成員亦以自己獨特的方式理解翻譯，等等。由此可見，翻譯概念很難清晰而明確地界定，與其執著於此，不如儘量開展不同語境中翻譯的多個面向，以勾勒出整個領域千變萬化的樣態。

新技術的出現往往擾亂人們業已習以為常的行為模式，漢語書寫技術也是如此。技術的採用使語言的對應性問題變得無關緊要。漢語經典中的「仁」、「義」、「中庸」、「天命」、「三從四德」或其他傳統道德觀所使用的標籤、口號，如果用朝鮮文、日文、越南文該怎樣說？對此的回答可能是使用與在地語言對應的發音，這種看似簡單的捷徑實際上完全沒有考慮到，在這些並非中國但受中國深刻影響國家的語言與文化中，以上術語有怎樣的意義與地位。如

---

Yuanchong Wang, "Civilizing the Great Qing: Manchu-Korean Relations and the Reconstruction of the Chinese Empire, 1644-1761," *Late Imperial China* 38 (2017): 113-154。Arif Dirlik, "Born in Translation: 'China' in the Making of 'Zhongguo'," 自廣闊視角思考中國歷史，見 *boundary 2* 46 (2019): 121-152。有關繼南明政權之後，鄭成功（1624-1662）子孫統治的明鄭政權（1661-1683）合法性的主張，見楊儒賓：〈明鄭亡後無中國〉，《中正漢學研究》第 31 期（2018 年），頁 1-32，特別是頁 26-27。

果堅持這些術語的意義只能源自中國，輸出到日本、朝鮮及越南，就陷入民族中心主義的誤區。另一種回答可能是這些國家在接觸漢字之前既已建立道德體制，漢語詞彙只是賦予既存道德體制以新的命名而已。這種說法或許可以滿足民族自豪感，但同時也肯定理念的普世性與必然性，而任何理念必定有其發源的特定空間與時間。以上兩種回答顯然都不夠完滿。我認為最可能且適當的回答是，中國的道德話語所使用的術語，就如中國的法律、行政、技術、宗教等等，傳入其他國家後利用、改造了當地的既有術語，但也賦予這些術語以基於高度發展意涵與機制體系文字的分量。儘管改造的具體狀況現在已經無從得知，我們仍然可以推測，這種改造應當不同於我們所理解的翻譯，亦即在兩種不同的語言中尋找彼此對應的術語。漢字書寫及與其相應的機制在新地區的傳播狀況類似於器物上的銘文，將外在的形式附加於當地既有的素材之上。[25]

在《東亞的誕生》（*The Genesis of East Asia, 221 B.C.-A.D. 907*）一書中，何肯（Charles Holcombe）主張中國通過漢字的傳播佔據「理念帝國」：

> 漢字與一套特定的理念——具體的詞彙體系或「意識形態」——之間有著錯綜複雜的糾結……漢字在東亞的普遍使用因此創造出「理念帝國」，加強同時傳播中國觀念，排斥其他理念或至少使它們難以表達。正因為如此，漢字

25 我使用的「銘文」概念由 Paul de Man 提出，見 Tom Cohen, Barbara Cohen, J. Hillis Miller, and Andrzej Warminski, eds., *Material Events: Paul de Man and the Afterlife of Theory* (Minneapolis, MN: University of Minnesota Press, 2001)。

成為凝聚東亞最強而有力的黏著劑……[26]

事實或許果真如此，但「理念」在我看來似乎仍然曖昧、缺乏分量。漢字所營造的是通過道德倫理義務的要求，必要時甚至以強迫方式，聚合文字、概念、法則、機制、標準、措施、儀式、文獻及關係而成的「帝國」。舉個例子，隋文帝征服並兼併陳朝，重新統一已分裂三百餘年的中國南北方。西元 590 年，他將注意力轉向北部邊疆，尤其是當時朝鮮半島上最大的王國，藩屬國高句麗。高句麗一面準備防禦隋軍隨時可能發起的入侵，一面在外交上維持忠誠的表象。隋文帝致高麗王書曰：

> 朕受天命，愛育率土，委王海隅，宣揚朝化，欲使圓首方足，各遂其心。王每遣使人，歲常朝貢，雖稱藩附，誠節未盡。王既人臣，須同朕德，而乃驅逼靺鞨，固禁契丹。[27]諸藩頓顙，為我臣妾，忿善人之慕義，何毒害之情深乎？太府工人，其數不少，王必須之，自可聞奏。昔年潛行財貨，利動小人，私將弩手，逃竄下國。……朕於蒼生，悉如赤子，[28]賜王土宇，授王官爵，深恩殊澤，彰著遐邇。……賜王土宇，授王官爵，深恩殊澤，彰著遐邇。……今日以后，必須改革。……彼之一方，雖地狹人少，然普天之下，皆為朕臣。[29]

---

26 Charles Holcombe, *The Genesis of East Asia, 221 B.C-A.D. 907* (Honolulu: University of Hawai'i Press, 2001), 66.

27 靺鞨與契丹皆對隋稱臣，高句麗似乎阻撓他們與隋朝廷的接觸。

28 典出《孟子・滕文公上》:「若保赤子」(卷 5 下，頁 102-1)。

29《隋書》，第 6 冊，卷 81，頁 1815。

從這封由文帝臣子起草的外交書信所使用的詞彙，即可看出明顯的傾向性：隋王朝作為天下的中央，代表了美德、仁慈、公正與和平，高句麗除了屈服稱臣，別無其他選擇。在此，交流的方式決定了回覆的內容，高句麗王如果用漢字書寫的信件回覆，無論內容是什麼，都意味著對一套不容商榷的權力關係及主從位置的接受，將對話中的優勢讓給了隋文帝。

這封信是否奏效？據《隋書》的記載，「湯」——撰史者直呼高句麗王之名，暗示其政權缺乏合法性——「得書惶恐，將奉表陳謝，會病卒。」[30]似乎隋王朝不必出兵，發出威脅即已足夠。

但也有另一種說法，隋煬帝繼承隋文帝王位，於 612 年延遼河討伐高句麗，這場戰役以隋軍大敗告終。高句麗守住疆域，隋王朝則元氣大傷，幾年後即滅亡。不過，仍有中國大陸學者無視這種說法，對《隋書》的記載信以為真，並聲稱高句麗是中國領土，韓國學者當然強烈反對。[31]

另一個見證漢字書寫長久影響力的例子，是中國正史〈四夷傳〉中有關朝鮮半島的記錄。這些記錄是有關此地區最早的歷史記載，但因為用漢字寫成，其偏見及選擇性也可想而知。例如，在以上徵引的隋文帝書信之上，《隋書》中有描述高句麗的國族特性如何不符合中國禮儀的書寫：「父子同川而浴，共室而寢。……有婚嫁者，取男女相悅，然即為之，男家送豬酒而已，無財聘之

---

30《隋書》，卷 81，頁 1816。韓朝史傳中對湯（559-590 年在位）的記載使用其封號平原王。

31 見 Mark Byington, “The War of Words between South Korea and China over an Ancient Kingdom,” *History News Network*, September 10, 2004, http://historynewsnetwork.org/article/7077#sthash.rsCQE73r.dpuf，2021 年 6 月 5 日查看。

禮。……敬鬼神，多淫祠。」[32] 高句麗如此蠻荒，難怪國王會「誤會」他與隋文帝的尊卑之分。

Peter Kornicki、韓哲夫（Zev Handel）及金文京最近發表漢字書寫系統的國際傳播史專著，討論其他語言，如韓語、日語、越南語及西夏語對漢語的在地閱讀，以及它們如何以漢字為基礎，發展出新的當地文字。[33] 這些地域出現獨特的雙語文字現象，上流文化階層及國際交流使用漢字，由漢字衍生的當地文字侷限於當地人之間的交流，交流內容的重要性也相對較低。文字體系的使用因此出現層級化的現象，國際書寫語言（漢字）與在地書寫、口頭語言並存。《懷風藻》及《萬葉集》收錄日本與新羅使節之間交流的系列詩篇，使用的是當時的國際語言——漢字，這些詩篇為層級化現象提供極佳的例證。《懷風藻》中收錄一首題為〈秋日於長屋王宴新羅客〉的漢詩，據題目可知是為奈良時代長屋王接見新羅使團之事而作，其中徵引《詩經》典故：「新知未幾日，送別何依依……相顧鳴鹿爵，相送使人歸。」[34] 日本「遣新羅使」於 736 年前往新羅時，使團成員也用日語寫下詩篇，表現離別之哀及歸心之切。這首收入《萬葉集》的詩篇以音節文字的形式使用漢字，（左欄）且在

---

32《隋書》，第 6 冊，卷 81，頁 1814-1815。

33 Peter Kornicki, *Language, Scripts, and Chinese Texts in East Asia*；Zev Handel, *Sinography: The Borrowing and Adaptation of the Chinese Script*；及金文京：《漢文と東アジア：訓読の文化 》。

34 刀利宣令：〈秋日於長屋王宴新羅客〉，見小島憲之校注：《懷風藻》，《日本古典文學大系》（東京：岩波書店，1964 年），63 條。「依依」典出《詩經・小雅・采薇》：「昔我往矣，楊柳依依。今我來思，雨雪霏霏。行道遲遲，載渴載飢。我心傷悲，莫知我哀！」（《毛詩正義》，頁 334-2）「鳴鹿」典出《詩經・小雅・鹿鳴》：「呦呦鹿鳴，食野之苹。我有嘉賓，鼓瑟吹笙。吹笙鼓簧，承筐是將。人之好我，示我周行。」（《毛詩正義》，頁 315-2）。

詩句藉助中國經典文學中的典故傳達情意，中欄及右欄分別為對應的片假名及羅馬音：

| | | |
|---|---|---|
| 安麻等夫也 | あま（天）と（飛）ぶや | amatobuya |
| 可里乎都可比尓 | かり（雁）をつかひ（使）に | kariwotsukahini |
| 衣弖之可母 | え（得）てしかも | eteshikamo |
| 奈良能弥夜故尓 | なら（奈良）のみやこ（都）に | naranomiyakoni |
| 許登都ん夜良武 | ことつ（言告）げや（遣）らむ | kototsugeyaramu[35] |

詩的大意為企望能夠將對奈良都城的思念，托付於天空飛翔的大雁。

此外，紀淑望與紀貫之於 900 年前後為《古今和歌集》所寫的兩篇序，體現了日本文學家在雙語語境中對文學意義的思考。這本和歌集收錄用日語書寫的和歌，紀淑望的〈序〉則以漢文寫成，且直接效法〈詩大序〉，主旨卻是宣稱日語白話詩在各個面向皆能與流傳千古的漢語詩篇媲美。紀貫之以日語書寫的〈序〉進而稱，和歌詩人在表達獨特、敏銳情感上的能力甚至優於中國詩人。正如魏世德（Timothy Wixted）所說，「《古今集・序》中並未提出新的批評理論……但在批評中所使用的實際語彙，則顯示日本詩人具有不受中國模式限制的敏感性。」[36] 魏氏的說法恰好凸顯了外來書寫

35 中西進：《萬葉集》（東京：講談社，1978 年），卷 15，3676 條。詩中的「雁」典出蘇武出使匈奴被扣留事：他將書信繫於遷徙的大雁腳上，告訴漢都城的人他還活著。本書譯者張豔建議以漢字音節文字、片假名及羅馬音的對應形式呈現此詩內容，謹此致謝。有關《萬葉集》在日本書寫史上介於表意文字與表音文字之間地位的討論，見 David B. Lurie, *Realms of Literacy: Early Japan and the History of Writing*。

36 John Timothy Wixted, "The *Kokinshū* Prefaces: Another Perspective," *Harvard*

形式與本地文學創作之間的微妙關係，漢字有其固定的語義框架，日本（或朝鮮、越南）的文學創作或許使用漢字，但不必為其語義框架所限制、化約。日本詩人能夠書寫完美無缺的漢詩，毫不遜色於中國詩人的作品，這類創作符合邊緣地域作家對中央文化的反應模式。《古今集》的序為誰而寫？當然不是中國讀者，當時日本的文學作品極少傳入中國，更何況中國讀者不通日文，也沒有為閱讀和歌學習日文的動力。[37]紀淑望中文序的預期讀者是精通漢語，已內化中國詩歌要求的日本人，他或許想要說服這些人日語詩歌寫作有其重要性，或日語是適宜寫詩歌的語言。紀貫之的〈序〉與紀淑望的〈序〉相同之處在於，二者都以漢字的權威性為對話對象，但前者認為日語詩歌以其獨特的語言與形式，必定超越中國詩歌。不過，這一宣言遲遲未被僅有漢字讀寫能力的華人讀者印證。日本文學史上最著名的作品，平安時代的《源氏物語》、《枕草子》等，尚且要到 20 世紀下半葉才被翻譯成中文，其他日語文學作品的譯本出現就更晚了。

漢語在 19 世紀之前作為強勢語言，對東亞文化、文字的形成產生深遠影響。作為當今的強勢語言，英語所發揮的作用類似於歷

---

*Journal of Asiatic Studies* 43 (1983): 238。Wiebke Denecke, *Classical World Literatures: Sino-Japanese and Greco-Roman Comparisons* (New York: Oxford University Press, 2014), 62-72；John Phan, "Chữ Nôm and the Taming of the South: A Bilingual Defense for Vernacular Writing in the *Chỉ Nam Ngọc Âm Giải Nghĩa*," *Journal of Vietnamese Studies* 8 (2013): 1-33 的研究對象也是漢語與當地（越南）書寫語言正統性的雙語序。

37 明代侯繼高記錄日本風土人情的《日本風土記》（1592）中，收錄至今所見最早中國人有關日本和詩的討論。見 Yuanfei Wang, *Writing Pirates: Vernacular Fiction and Oceans in Late Ming China* (Ann Arbor: University of Michigan Press, 2021), 104-108。

史上在東亞盛行的漢語，促進同時壓制國際交流，推動同時限制思想流通。最近眾多翻譯理論家就英語對全球文化發展的影響表示顧慮，這本來無可厚非，但他們僅破而不立，沒有能夠對強勢語言應該發揮怎樣功能的問題提出建設性主張。英語當今是強勢語言，這本身不是問題，有朝一日其他語言取而代之，成為新的強勢語言，強權單語主義所造成的問題未必會隨英語影響力的減弱而消失。一味抱怨解決不了任何問題，我們應該思考強勢語言促成了什麼，其他弱勢語言如何對其回應並與其協調，在不同語言勢力消長的多元語境中判斷因與果，對與錯，並將決定權交給更為廣遠的空間與時間維度下的大眾。對文化獨特性的追求並不能脫離普世性的媒介，弱勢文化價值的展現，往往要藉助外來的普世性術語，這似乎是弔詭的悖論。下一章的重點即是探討此論壇選擇悖論，我們將亞洲翻譯文學的考察盡量向其已被證實的開端拉近，並探問：「四夷作樂乎？」

# 第二章
# 四夷作樂乎？

中國，無論如何定義——當今的書籍、雜誌及政壇對此問題有多種多樣的答案——一直以來都是多文化的。這個古老國度歷經變遷，歷代帝王堅持不懈地推行中央化政策法令，然而生活於此廣袤土地上的族群在思想意識、生活方式上的多樣性從未完全地被統一、同化，對自我的歷史定位也各自不同。[1] 這在今天看來似乎顯而易見，但卻使早期漢代朝廷中的儒學經師大傷腦筋。東漢章帝建初四年（西元 79 年）後匯集的《白虎通義》，正如《荀子》及《禮記》，在與禮相應的框架中討論樂的價值。荀子云：「樂合同，禮別異」。[2] 禮建立等級秩序的區分，樂則引發共同性的情感。禮無樂則

---

1　相關例證見葛兆光：《何為「中國」？疆域、民族、文化與歷史》；Sanping Chen, *Multicultural China in the Early Middle Ages* (Philadelphia: University of Pennsylvania Press, 2012)；Jonathan Karam Skaff, *Sui-Tang China and Its Turco-Mongol Neighbors: Culture, Power, and Connections, 580-800* (Oxford: Oxford University Press, 2012)；及 Shao-yun Yang, *The Way of the Barbarians: Redrawing Ethnic Boundaries in Tang and Song China* (Seattle: University of Washington Press, 2019)。Cao Shunqing, "Research on the Literature of National Minorities under Three Discourse Hegemonies," *Comparative Literature: East & West* 1, no. 2 (2017): 145-156 提供比較文學視角。

2　清・王先謙集解：《荀子集解》，收錄於《新編諸子集成》（8 冊）（臺北：世界書局，1986 年），第 2 冊，頁 255。

枯燥無味，樂無禮則放蕩不羈。如此，在戰國和漢代體制化思想特有的一系列重新定義的邏輯及反覆出現的感應思想下，音樂成為實現古聖先賢所預想的理想社會體制的重要途徑。不過如此理解音樂的功用，在詮釋經典過程中也引發始料未及的問題。例如《周禮》載：「鞮鞻氏：掌四夷之樂與其聲歌。祭祀，則吹而歌之；燕，亦如之。」[3]「鞮鞻」（類似於幾可與其互換的「狄鞮」）唯有在與異域接觸的語境中才能看到，兩個字左邊「革」偏旁指示粗獷、曠野的意思，是以給人以蠻荒之感。[4]《周禮》描繪古典儒家思想對理想社會的構思，然而充斥異國情調的「狄鞮」卻恰恰是其中所錄專門負責長久保存異域音樂的官職名。《白虎通》作者則徵引漢代尚存但現已佚失的《樂元語》，提出另一種解釋：「所以作四夷之樂何？德廣及之也。……《樂元語》曰：『受命而六樂。樂先王之樂，明有法也；與其所自作，明有制；興四夷之樂，明德廣及之也。』」[5]並在他處進一步強調華人之樂與「四夷」之樂的尊卑之別：

3 漢・鄭玄注，唐・賈公彥疏：《周禮注疏》，收錄於《重栞宋本十三經注疏附校勘記》，第 3 冊，卷 17，頁 263-2。

4 見余少華：〈中國音樂的邊緣：少數民族音樂〉，收錄於彭麗君編：《邊城對話：香港・中國・邊緣・邊界》（香港：香港中文大學出版社，2013 年）。本段討論多蒙余氏協助，謹此致謝。「狄鞮」出自《禮記正義・王制》，卷 12，頁 248-1。Wolfgang Behr, " 'To Translate' is 'To Exchange': Linguistic Diversity and the Terms for Translation in Ancient China," in *Mapping Meanings: The Field of New Learning in Late Qing China*, eds. Michael Lackner and Natascha Vittinghoff (Leiden: Brill, 2004), 199-235 探討歸屬於翻譯者的稱號語意場，中譯見李永勝、李增田譯：《呈現意義：晚清中國新學領域》（天津：天津人民出版社，2014 年）。

5 清・陳立疏證：《白虎通疏證》（2 冊）（北京：中華書局，1994 年），第 1 冊，頁 107-108。

> 故南夷之樂曰《兜》，西夷之樂曰《禁》，北夷之樂曰《昧》，東夷之樂曰《離》。合歡之樂人舞於堂，四夷之樂陳於右，先王所以得之，順命重始也。《樂元語》曰：「東夷之樂持矛舞，助時生也；南夷之樂持羽舞，助時養也；西夷之樂持戟舞，助時煞也。」北夷之樂持干舞，助時藏也。誰制夷狄之樂？以為先聖王也。先王惟行道德，和調陰陽，覆被夷狄，故夷狄安樂，來朝中國，於是作樂樂之。[6]

正如余少華所指出的，此處對區域性音樂類型的詳細辨析，意在以周王為中心，將「四夷」的位置像曼陀羅般對稱排列，或與日曆中的四季搭配，中國處在統攝四方、四季的中心統合地位。「四夷」圍繞著中央王權運行，就如「明堂五室說」（古文家說，今文家則主張「明堂九室說」）概念下，中央太室為四方四堂環繞，四堂各自佔據的外象限獨有的特質與對立的外象限特質相互抵消。唯有中央能夠統攝四方所有特質，各個象限就像四季更替那樣依次接近位於軸心地位的天子。位置（在哪裡）決定本質（是什麼）。

| | 北狄<br>禁 | |
|---|---|---|
| 西戎<br>侏離 | 周天子 | 東夷<br>韎 |
| | 南蠻<br>任 | |

圖 1　余少華〈中國音樂的邊緣：少數民族音樂〉圖示

6　陳立：《白虎通疏證》，第 1 冊，頁 108-109。

此外，《白虎通》作者也稱夷狄就算有音樂，也不是他們自己的音樂，而是創立中華帝國文化的堯、舜、禹、周公及其他古聖先賢賜予他們的禮物。而這歸根結底是因為不同族群之間存在能力差異：

> 夷狄質，不如中國文，但隨物名之耳，故百王不易。王者制夷狄樂，不制夷狄禮何？以為禮者，身當履而行之，夷狄之人不能行禮；樂者，聖人作為以樂之耳，故有夷狄樂也。誰為舞者？以為使中國之人。何以言之？夷狄之人禮不備，恐有過誤也。作之門外者何？夷在外，故就之也。夷狄無禮義，不在內。[7]

夷狄文化雖然在某些面向具備接近處於中央之「王者」文化的先決條件，但因為禮儀上的落後，不能與華人文化形成真正的同等地位或相互競爭的關係。「中國」與「夷狄」文化的比較凸顯「門外者」的「禮不備」。「門外者」的身分對夷狄而言足矣，只可（至少根據漢代的理解）「作之門外者」，不可「在內」，魚目混珠。《白虎通》徵引賈公彥《周禮疏》曰：「禮者，所以均中國也。即為夷禮，恐夷人不能隨中國禮也。故春秋于夷狄不備責，諸夏有即夷禮者，即夷之也。」[8]韓愈更精確地詮釋曰：「孔子之作《春秋》也，諸侯用夷禮則夷之，進於中國則中國之。」[9]參與中央帝國文化的權力並非與生俱來，也不因所在位置而得到保證，而是取決於對特定文化模

---

7 陳立：《白虎通疏證》，第 1 冊，頁 110-111。

8 陳立徵引《周禮疏》，見《白虎通疏證》，第 1 冊，頁 111。

9 唐・韓愈：〈原道〉，見馬通伯校注：《韓昌黎文集校注》（香港：中華書局，1991 年），頁 7-11。

式的遵從，此模式在幾千年的歷史長河中統合為一。正如〈中庸〉所云：「非天子，不議禮，不制度，不考文。今天下車同軌，書同文，行同倫。」[10]政治中心化與文化排他性互為表裡。

我們應當仔細辨析建構中華帝國文化的敘述中表達性與規範性兩種不同方式，亦即實然與應然的區分。二者有明顯差異，但也不完全相互矛盾，而是有彼此重疊的部分，如果不注意就會為其迷惑。夷狄音樂事實上或許並非堯、舜、周公賜予，但這並不妨礙漢代官方使用應然的辭令，通過強制施行使應然反過來成為規範實然的法則。設定規範的權力來自先王的創造力，這完全符合荀子思想的主旨，早在《白虎通》出現之前五百年，荀子就曾云：「古者聖王以人性惡，以為偏險而不正，悖亂而不治，是以為之起禮義，制法度。」[11]又有誰比夷狄更「偏險而不正，悖亂而不治」呢？是以必須要將他們排斥於禮樂文化之外，合宜的音樂體現禮儀，反之惡俗的音樂則會腐化大眾。

在此讓我們稍事暫停，思索所謂「夷」的意義：誰是「夷」？什麼是「夷」？「夷」的概念在其三千年的使用過程中意義不斷轉換，但變動中也有恆常。「夷」（或與其聯繫緊密的「方」）是漢文化空間視野下的外人。「夷」可以是主要以畜牧為生的遊牧人，也可以是定居山野，以農耕或採集為生者。他們的習俗異於中原，所

---

10《禮記正義・中庸》，卷 53，頁 898-1。約西元前 4 世紀成書的《管子》中，即已傳達「書同文」理想，見唐・房玄齡注：《管子》（8 冊）（上海：中華書局，1930 年），頁 10/16a。Martin Kern, *The Stele Inscriptions of Ch'in Shih-huang: Text and Ritual in Early Chinese Imperial Representation* (New Haven, CT: American Oriental Society, 2000), 27-28 中探討「書同文」如何在早期中華帝國的宣傳中被用作秩序的象徵。

11《荀子集解》，卷 17，〈性惡篇〉第 23。

講的語言需要通過翻譯才能聽懂。他們通常不會寫字，也不建立城牆，劃分疆域。多方、九夷、百夷等附有數字的稱謂，意在指示他們分散的政治結構及無法化約的多樣性。「四夷」或「四方」的說法則是彌補這些華人眼中的缺陷之途徑，將他們置於一個體系中，在語言層次對他們加以控制，將他們界定為圍繞中央的序列。諸如此類的名稱意在區分高下層級之別。華人通過「夷」的指稱，將非華人族群排除在禮節、道德、理性、禮儀、音樂、「理」及「文」的場域之外。

劉禾在十多年前發表的文章中，考察英國殖民者在與清廷早期的外交交流中如何使用「夷」，並注意到「夷」發揮了「衍指符號」（"super-sign"）的功能。英國殖民者與清廷的對話中各自使用「夷」所表達的意義並不一致，但這個字卻牽涉到整個談判的利害關係本身。[12] 1840年代，英國堅持「夷」具有侮辱性，並在第一次鴉片戰爭結束後簽署的不平等條約中，要求在未來的外交交流排除這個字。劉禾認為當時英國人作此要求是居心不良，在對他們有利時以此為藉口挑起爭端。我同意劉氏的看法，但也認為不能一概而論，走向另一個極端，武斷地作出當時、之前及之後「夷」的使用都絲毫不含貶義，只是一個相對術語的結論。越南遣明使團因為被安置在「夷館」而感到屈辱，提出抗議，認為他們是繁榮的「華」文化的一部分。[13] 當曾被視為「夷」的滿州人入主中原時，「夷」的用

---

12 Lydia H. Liu, *The Clash of Empires: The Invention of China in Modern World-Making* (Cambridge, MA: Harvard University Press, 2004), 3-15。此外參考 Dilip K. Basu, "Chinese Xenology and the Opium War: Reflections on Sinocentrism," *Journal of Asian Studies* 73 (2014): 927-940。

13 Peter Kornicki, *Language, Scripts, and Chinese Texts in East Asia*, 6.

法成為一個棘手的問題。皇室詔令及皇家主持的編纂工程力圖修正對「夷」的理解，以其為地域名稱、種族標籤及道德譴責使用的術語。清廷在衡量各種不同利害關係後，查禁眾多被奉為經典的文獻、政治文件。[14]

「夷」是否具有貶意，要在具體情境中判斷，但它無論如何不是相對性的。與僅指示相對位置的「彼」和「此」或「內」和「外」不同，「夷」不能轉換。一個人在自己的國家是本地人，到外國就變成外國人，但華人不可能被稱作「夷」，只有非華人才會被稱為「夷」，沒有所謂「夷」的「夷」。（以「外來」翻譯「夷」在很大程度上喪失這個字的特指性質。）「夷」這個字的意義取決於它在特定語言遊戲中所發揮的作用。[15]在此遊戲之外，它不能用作泛指。例如，如果俄國人稱哈薩克人為「夷」，就會出現語病。這個字帶有過於濃厚的中國領域特定性，不允許更為廣泛的應用。

那麼「夷」所指示的差異是什麼？它看似指示族群或種族的差異，但我們應當謹慎，不要把當代才有的概念後設地套用於古人身上。人類的分類方式不斷改變。儒家聖典《孟子》中有一段話涉及對此差異性的認識，幾千年來被反覆徵引。孟子稱「夷」絕非恆久不變的身分、國籍或家族系譜，而是指一種行為方式，一種文化類

---

14 Matthew W. Mosca, "Neither Chinese nor Outsiders: *Yi* and Non-*Yi* in the Qing Imperial Worldview," *Asia Major*, 3rd series, 33 (2020): 103-146。有關雍正皇帝為回應學者曾靜發布諭令之特例的討論，見頁 122-138。

15 Elvin Meng 提醒我，1809 年的一本滿漢雙語會話手冊《清文指要》記載滿人稱讚他的漢人朋友說漢語完全聽不出口音（"majige nikan mudan akv,"「一點蠻音沒有」）。在此值得注意的是滿語 "nikan" 一般是「蠻」對「漢」的指稱。「蠻」有時可以指廣義的「外國人」，在古典文獻中則專指「南蠻」。見魏巧燕：《《清文指要》整理研究》（北京：北京大學出版社，2017 年），頁 116。

型。中華文化的創造者聖王舜（傳統上認為大約在西元前 23 世紀）及周文王（西元前 11 世紀），原本是來自東方及西方的「夷」:「舜生於諸馮……東夷之人也。文王生於岐周……西夷之人也。……得志行乎中國，若合符節。先聖後聖，其揆一也。」[16] 對孟子而言，身分、出身皆不重要，重要的是創造文化的行為。

「夷」的標籤持久之處，不在其意義，而在其宣告差異的效果。差異判斷所應用的對象則在時間的長河中不斷演變，與時俱進（一個群體可能漢化，也可能採用非漢人的習俗）。但作為一個「角色類型」，「夷」亦可用來指示永久性、與生俱來的身分，如西晉江統（西元 4 世紀）總結「華」與「夷」的傳統差異，並以其為依據，主張驅逐對華人造成威脅的「夷」:「以其言語不通，贄幣不同，法俗詭異，種類乖殊；或居絕域之外，山河之表，崎嶇川谷阻險之地，與中國壤斷土隔，不相侵涉，賦役不及，正朔不加，故曰『天子有道，守在四夷』。」[17]

江統堅持「華」與「夷」之間存在不可調和的差異，這只是持續幾千年的「中」與「外」關係中的一個階段。狄宇宙（Nicola Di Cosmo）與 Tamara Chin 最近的研究顯示在中國歷史發展進程中，「華」與被視為「夷」的不同族群之間的關係具有怎樣的影響力，此關係如何變化，哪些族群刻意將此關係置入一種或另一種框

16 《孟子・離婁下》，卷 8，頁 141-1。

17 晉・江統：〈徙戎論〉，見房玄齡編：《晉書》，收錄於《二十五史》（12 冊）（上海：上海古籍出版社，1986 年），第 2 冊，卷 56，頁 1421-1422。江氏在此化用晉・杜預注，唐・孔穎達正義：《春秋左傳正義・昭公 23 年》「古者天子守在四夷，天子卑，守在諸侯」。（《重栞宋本十三經注疏附校勘記》，第 6 冊，卷 50，頁 879-2）。

架中。[18]我推測《白虎通》及江統文所表達的文化排他思想，無論出於怎樣的意圖，很可能都是在外人形成威脅之際，不同政策群體及思想派別爭奪權威性時的典型舉動。此外，維護華人文化並從中汲取知識及社會資源的文人們，一直以來都以宣揚其優越性為己任，這一傾向標誌了他們亙古不變的價值取向所在。據 Erica Fox Brindley 在研究「越」字過程中的觀察：「堅持維護儒家傳統價值與秩序的古代思想家，在討論文化交流時往往以『教化』為目的，將其看作純粹的對非漢人的單向開化。」[19]因此在前現代漢語文學，在詩歌、史學及美學理論典藏中，恐怕很難找到完全以「夷」為人類文化創造者的記錄。

對待中央與外族身分差異的不同態度，導致「華」與「夷」開放或封閉的相處方式。周朝時，異域人在朝廷吹奏音樂是常人難得一見的新奇事，皇家則以此為顯示其榮耀與影響的方式。正因為其來自遠方且充斥著異域風情，異域音樂往往被視為美好、有價值。在《白虎通》中宣揚漢文化純粹性的漢朝廷中的儒生，則對周朝盛行的文化折衷思想大加批判。他們撰寫的《白虎通》中因此出現「諸夏」與「夷」對立的強硬主張，此外他們將中華帝國壟斷文化創造的特權上溯到〈中庸〉中「今天下車同軌，書同文，行同倫」之說。〈中庸〉相傳為子思所作，這一不同尋常且激進的中心化宣

---

18 Nicola Di Cosmo, *Ancient China and Its Enemies: The Rise of Nomadic Power in Chinese History* (Cambridge: Cambridge University Press, 2002); Tamara T. Chin, *Savage Exchange: Han Imperialism, Chinese Literary Style, and the Economic Imagination*.

19 Erica Fox Brindley, *Ancient China and the Yue: Perceptions and Identities on the Southern Frontier, c. 400 BCE-50 CE* (Cambridge: Cambridge University Press, 2015), 117.

言不可能出現於子思所在的春秋中晚期（西元前 481 至 401），而要待秦朝建立伊始，由李斯於西元前 221 年提出。徵引〈中庸〉之舉毋寧是秦漢時期為了證明政策的正當性而追溯既往或理想化的時代錯置。禮、樂、文字及其他社會互動途徑必須取法於聖王，芸芸眾生只能接受聖王仁慈的恩賜。〈中庸〉的此段話把中心化及人格化推向極端（所有標準皆來自一人），與《白虎通》出於同一動機，但與後者相較更為委婉地否定了四夷引導文化的能力。按照《白虎通》的說法，「四夷」甚至沒有自己的音樂，「文」僅屬於華人。如果用現代的說法，《白虎通》作者好似某種文化身分的守護者，時刻懷有戒心，準備防禦他者性的侵犯，且不願承認在其文化發展過程中，為其所吞併、消化的他者做出的貢獻。

四夷作樂乎？[20] 夷狄音樂是否真的存在？中心化帝國的存在憑藉對文化與非文化的區隔，如果夷狄躋身音樂作者的行列，是否顛覆此意識形態？「文」或風雅在國家中心話語中為僅屬於華人的特徵，四夷能否展示「文」或風雅？

答案是肯定的。劉向《說苑》中記錄一則西元前 6 世紀發生的軼事（或為傳說），楚國貴族鄂君子晢於泛舟水上時，聽到船上一位船夫唱到：

| | |
|---|---|
| 濫兮抃草濫 | Lan xi bian cao lan[21] |

---

20 參考 Gayatri Chakravorty Spivak, "Can the Subaltern Speak? Speculations on Widow Sacrifice," *Wedge* 7/8 (1985): 120-130。

21 此首越歌現存最早記錄是用東漢時期發音所作的音譯（見左欄），這本身已經是問題重重但又無可避免的權宜作法，我進一步用現代漢語拼音標注（見右欄），也只是為了方便。Zhengzhang Shangfang, "Decipherment of Yue-Ren-Ge (Song of the Yue Boatman)," *Cahiers de linguistique Asie orientale* 20 (1991):

| | |
|---|---|
| 予昌枑澤予昌州 | Yu chang heng ze yu chang zhou |
| 州𩜱州焉乎秦胥胥 | Zhou kan zhou yan hu qin xu xu |
| 縵予乎昭澶秦踰 | Man yu hu zhao tan qin yu |
| 滲惿隨河湖。 | Zhen ti sui he hu. |

鄂君子皙曰：「吾不知越歌，子試為我楚說之。」於是乃召越譯，乃楚說之曰：

「今夕何夕兮，搴中洲流，
今日何日兮，得與王子同舟。
蒙羞被好兮，不訾詬恥，
心幾頑而不絕兮，得知王子。
山有木兮木有枝，心說君兮君不知。」

於是鄂君子皙乃揄脩袂，行而擁之，舉繡被而覆之。[22]

這首詩是已滅絕的越語唯一現存的長文，越語是曾居住在中國西南海岸的重要王國，「百越」的語言。鄭張尚芳（Zhengzhang Shangfang）在釋讀〈越人歌〉的過程中發現其中使用的古越文似乎與泰語及緬甸語同源，因此至少從語系上可以肯定越語根本不是

---

159-168 一文中對這首越歌作了仔細的釋讀並提出、討論其中與泰緬語同源的詞彙。就近期詮釋地方語言及文字傳統的研究，參考 Yen Shih-hsuan, "A Tentative Discussion of Some Phenomena Concerning Early Texts of the *Shi jing*," *Bamboo and Silk* 4, no. 1 (2021): 59-62。

22 漢・劉向撰，向宗魯校證：《說苑校證》（北京：中華書局，1987 年），卷 11，條 13；亦見於南朝陳・徐陵：《玉臺新詠》（上海：世界書局，1935 年），卷 9，頁 219。《說苑》將子皙與船夫的故事包括在有關楚國貴族莊辛與襄成君的勸喻故事中。

中國的「方言」（這一詞彙本身即問題重重）。隨著中國人口及行政機構向南擴展，操持越語的族群必須在同化或向南遷徙之間作出選擇。〈越人歌〉感情明顯充沛著異域風情，漢代文人徵引如此長度的外文原文，極為少見。劉向世居漢代都城長安，是徹頭徹尾的局內人，且與漢皇族同姓，最能代表中心化文化。劉向顯然完全無法聽懂身分低微的東夷越人船夫歌唱的〈越人歌〉，但這並不妨礙他將其包括在〈善說〉篇，由此足見文字的力量。船夫所唱的歌詞被翻譯後，大為身居顯赫社會地位的子晳欣賞，以「行而擁之，舉繡被而覆之」的行動表示友誼。劉向認為此則軼事發生於他所在時代前約六百年，自當時周朝的政體及禮制來看，楚與越都是名副其實的異域。四夷可作樂！通過「楚說」的翻譯，船夫用越語表達的真摯情感進入操持漢語者的認知範圍。在此範圍之中，鄂君子晳聽到北方《詩經》及南方《楚辭》的迴響，異國言語通過此認知方式被召喚回漢朝的普世化傳統。[23]

另一直接抄錄外族詩歌的例子出現在《後漢書》中。西元 60 年前後，「好立功名」的年輕官員朱輔被派遣到位於西南，佔地遼闊的益州擔任刺史。他「在州數歲，宣示漢德，威懷遠夷」。「白狼、槃木、唐菆等百餘國，戶百三十餘萬，口六百萬以上，舉種奉貢，稱為臣僕」。朱輔為他們派遣前往東都洛陽，請求「舉種奉貢」的使節上疏。護送使節的官員攜帶白狼王所作，以緬彝語抄錄並譯成漢語的「詩三章」。朱輔在奏疏中寫到：「昔在聖帝，舞四夷

23《毛詩．綢繆》云：「今夕何夕。」（《毛詩正義》，頁 222-1）這類羞澀的期盼主題在《楚辭》中隨處可見。

之樂；今之所上，庶備其一」[24] 這些詩篇必定為漢朝帝王所喜聞樂見。第一篇〈遠夷樂德歌〉云：

> 大漢是治，與天合意。吏譯平端，不從我來。
> 聞風向化，所見奇異。多賜贈布，甘美酒食。
> 昌樂肉飛，屈申悉備。蠻夷貧薄，無所報嗣。
> 願主長壽，子孫昌熾。[25]

這正是華人心目中夷狄應當唱頌的詩歌。如此「四夷」音樂納入皇家儀禮應該不成問題，《白虎通》作者們似乎多慮。但有一個新的問題出現：如果按照《後漢書》的記載，「口六百萬以上」的「夷」一旦成為漢朝的「臣僕」，還應當被視為「夷」嗎？其子孫想必會遵循華人的習俗，他們應當屬於「夷」，還是自此以後成為「諸夏」的一部分？誰負責追蹤記錄？中國歷史上曾出現五花八門的人口分類方式，通常以種族或系譜為區分標準，但我們暫且先從文化或更具體的詩歌框架來思考這個問題。〈白狼歌〉的作者是從異域人視角，抑或已與中華帝國親密無間，直接從華人視角吟詠？如此細微的差別消失在〈白狼歌〉的漢語翻譯過程中，難以探尋。就算有人聲稱能夠提供轉錄為東漢漢語前的白狼語原文，我們仍然缺乏理解原文所必須有的可靠白狼詞彙庫或語法知識。《後漢書》中記錄的形式是齊言、押韻的四言詩，且徵引《詩經》、《論語》典故，這不禁讓我們懷疑其中有多少是翻譯官員自己的自由發揮，沒有忠實

24 南朝宋・范曄撰，唐・李賢注：《後漢書・南蠻西夷列傳》（12 冊）（北京：中華書局，1965 年），第 12 冊，卷 86，頁 2854-2856。

25《後漢書・南蠻西夷列傳》，第 12 冊，卷 86，頁 2856。白狼在泛喜馬拉雅地區的具體位置有爭議。

於原文的風格與內容。此處出現的似乎是又一個作為引文的翻譯的例子，翻譯者為迎合受眾的品味，完全忽視了原有的語言風格及語境訊息。〈白狼歌〉或許就是由與白狼使團同行的漢朝官員，將他們心目中白狼長者應該說的，或如果有適當的漢文化教養就會說的話，用漢詩形式寫成。四夷可作樂，但前提條件是所作的音樂符合華夏的文化規範，否則他們的歌就只會被拒之「門外」。[26]

中國文學的多元文化史書寫，「多元文化」與「文學」兩個詞之間難以避免發生撞擊。東亞文學這一概念本身長久以來即被等同於中國性、上古模式，以至於其本身即產生篩選文學文獻典藏的效果。「文」是否必然意味著國家中心主義？抑或是（有別於前者的）文化中心主義？以上所舉例證中道安稱：「二者胡經尚質，秦人好文」，《白虎通》的作者則直接了當地聲明：「夷狄質，不如中國文」。他們的說法似乎建構出一套相關性體系，中國性與「文」在此體系中佔據中心地位，組成他者的成員不斷變化，但皆只有

---

26 Rey Chow, *Writing Diaspora: Tactical Interventions in Contemporary Cultural Studies* (Bloomington: Indiana University Press, 1993), 8 中稱：「自意識形態上統治的帝國主義，最善於不使用武力，不奪取人口或土地就達到統治的目的。」「文明使命」意識形態因此在征服者中盛行，見 Andrew Phillips, "Civilising Missions and the Rise of International Hierarchies in Early Modern Asia," *Millennium-Journal of International Studies* 42 (2014): 697-717；及 Edward Vickers, "A Civilising Mission with Chinese Characteristics? Education, Colonialism and Chinese State Formation in Comparative Perspective," in *Constructing Modern Asian Citizenship*, eds. Edward Vickers and Krishna Kumar (London: Routledge, 2015), 50-79。《後漢書》中白狼語與轉錄成的漢語在文字上的表面對應形式，支持還是否定其真實性，我無法判斷。我們沒有特別理由假定白狼詩原文使用十四行的四言齊言形式。至於以上討論的「越人歌」，譯者或許採用了當時在受眾中流行的形式。值得注意的是，《後漢書》對白狼歌的記錄主要用漢譯文，在注釋中使用白狼文音譯，《東觀漢記》則恰好相反。

「質」而無「文」，形成中國以外的世界。不難看出這是孔子《論語》「質勝文則野，文勝質則史」之說的迴響。[27] 漢語文化之外的作者要達到「文」的層級，亦即能夠創作出與中國文學傳統中的經典之作相媲美的著作，往往困難重重：有時遭遇徹底的排斥，有時在挪用過程中發生轉換，有時出現我稱作蒸發的現象，徒留其名、其痕、其曲而無實。

漢朝滅亡以後，中華大地上政權頻繁更替。其中不乏嚴格意義上的「夷狄」：鮮卑、拓拔及其他族群血統的統治者效法漢代的行政模式，混融遊牧傳統、佛教政治理論與周朝經典以為其統治的指導思想。南北朝時期北朝各國、唐朝、遼朝、金朝的統治家族皆來自異域或為混血。[28] 中國歷史上最著名的帝王之一，唐太宗與突厥的關聯眾所週知，群臣皆主張：「陛下方遠征遼左，而置突厥於河南，距京師不遠，豈得不為後慮！願留鎮洛陽，遣諸將東征」，他卻反駁：「夷狄亦人耳，其情與中夏不殊。人主患德澤不加，不必猜忌異類。蓋德澤洽，則四夷可使如一家；猜忌多，則骨肉不免為仇亂。」[29]

這類例子的存在，證明「夷」在形塑中華文明中起到的作用不

---

27 魏・何晏注，宋・邢昺疏：《論語注疏・雍也》，收錄於《重栞宋本十三經注疏附校勘記》，第 7 冊，卷 6，頁 54-1。

28 Sanping Chen, *Multicultural China in the Early Middle Ages*; Jonathan Karam Skaff, *Sui-Tang China and Its Turco-Mongol Neighbors: Culture, Power, and Connections, 580-800*; Wang Zhenping, *Tang China in Multi-Polar Asia: A History of Diplomacy and War* (Honolulu: University of Hawai'i Press, 2013).

29 宋・司馬光主編：《資治通鑑》（20 冊）（北京：中華書局，1956 年），第 3 冊，卷 197，頁 6215-6216 引李世民（626-649 年在位）語。這條參考資料於 Sanping Chen, "A-gan Revisited—The Tuoba's Cultural and Political Heritage," *Journal of Asian History* 30 (1996): 46-78 所見，謹此致謝。

容忽視。不過與帝王、朝代的頻繁更替相比，高雅的文學文化的衍變更為緩慢，書寫本身就是一種自古流傳下來，恆久不變且具有排拒性的表現形式。六朝以後，隋唐時期多元文化中國的存在是無可否認的事實，這一時期興起的復古或回歸經典純粹性基礎的思想，實際上是拒絕面對現實，無視時的變遷，堅持延用已不合時宜的標準衡量文學。[30]

夷狄詩歌保留於民族誌書寫中：例如每個朝代的正史中，無論統治家族的祖先是否是漢族，最後幾章大致都是「外夷傳」，或與外國人、出身混血家庭者交往的個體之傳記。西元 546 年，東魏將領高歡（其子高洋後來建立北齊）攻打西魏玉壁城，西魏軍隊積極防守，高歡因軍隊損失慘重而憂鬱成疾。西魏守城將士為擾亂東魏軍心，散佈高歡被殺的謠言。高歡為振奮軍心強打精神，與鮮卑將領斛律金一同高唱二人共同的出生地敕勒之歌：「敕勒川，陰山下。天似穹廬，籠蓋四野。天蒼蒼，野茫茫。風吹草低見牛羊。」[31]

《樂府詩集》注曰：「其歌本鮮卑語，易為齊言，故其句長短不齊」。原來的鮮卑語歌詞已佚失，記載這首歌詞的文獻最早可以追

---

30 Shao-yun Yang, *The Way of the Barbarians: Redrawing Ethnic Boundaries in Tang and Song China* 中，細緻考察種族分類方式及精英內部鬥爭中的正統觀念，主要著眼於唐代的古文運動。

31 宋・郭茂倩：《樂府詩集》（4 冊）（北京：中華書局，1979 年），卷 86，頁 1212-1213。記錄此事的原文見唐・李延壽編：《北史》，收錄於《二十五史》，第 4 冊，卷 6，頁 2917。〈斛律金傳〉，見李百藥編：《北齊書》，收錄於《二十五史》，第 3 冊，卷 17，頁 2532。許多現代譯者就這首歌的傳播史提出質疑。有關其歷史及接受的研究，見 David R. Knechtges and Taiping Chang, *Ancient and Early Medieval Chinese Literature: A Reference Guide* (Leiden: Brill, 2010), 122-124。

溯到北宋。現代文學史研究者認為，這首歌「描述北部大草原風光及遊牧生活……無邊無際的景象反映了歌者的開闊胸懷及英勇精神。」[32] 這不就是預想中的草原遊牧民族嗎？毫無潤飾，唯有與作者人格相符的，對大草原現實質樸的描述。四夷的確可作樂，所作也不必然是遵從於中華帝國模式的詩歌；但在白狼長者詩歌風格以外，僅有的另一類型即是在荒涼無垠的自然景觀中，無拘無束生活著的牧人之歌。在字典或維基中搜索「敕勒」及「詩歌」，我們會看到：「我國古代北方少數民族之一，以游牧為生。」[33] 或

> 敕勒歌的誕生時代，正是我國歷史上南北朝時的北朝時期。此時，今黃河流域以北基本在我國少數遊牧民族鮮卑族的統治之下。敕勒，在漢代時稱為丁零，魏晉南北朝時稱狄歷、敕勒，到隋朝時稱作鐵勒。[34]

這些描述反映了現代大陸教授中國歷史的思維方式，既荒謬又顛倒時代。南北朝時期，敕勒絕非「我國古代北方少數民族之一，以游

---

32 Luo Yuming, *A Concise History of Chinese Literature*, trans. Ye Yang, 2 vols. (Leiden: Brill, 2011), 259。陳澄之在遊記《伊犁煙雲錄》（上海：中華建國出版社，1948 年），頁 22。中對〈敕勒歌〉的描述代表了刻板印象式的欣賞態度：「我的讀者們一定知道〈敕勒歌〉『天似穹廬，籠蓋四野』，多麼自然，多麼廣大，多麼真誠！」Lu Kou, "The Epistolary Self and Psychological Warfare: Tuoba Tao's (408-452, r. 423-452) Letters and His Southern Audience," *Journal of Chinese Literature and Culture* 7, no. 1 (2020): 34-59 探討華人心目中的北方遊牧民族應有的書寫特質。

33 李行健主編：《現代漢語規範辭典》（北京：外語教學與研究出版社，2009 年），「敕勒」條。

34 維基條目：https://zh.wikipedia.org/wiki/ 敕勒 #《敕勒歌》，2019 年 6 月 18 日查看。

牧為生」，在當時為佔據主導地位的軍事及政治力量。假設他們負責為21世紀歷史辭典書寫條目，很可能會將華夏描述為「我國少數耕織民族」。歷史甚至辭典是在塵埃落定後由勝者書寫，在此再明顯不過。當然在這首歌創作之時，未來無法預測，不過我們仍然能夠發揮想像重構當時的局勢。在想像時我們必須謹慎，不要落入James Scott所謂「國家視角」的誤區。[35]（讀者應該知道在此「國家」指決定誰是「少數民族」的那個國家，大概不會從早已覆滅的敕勒國視角來觀看）如果我們想像從敕勒視角看待這首詩的歌詠，鮮卑化的漢族將領高歡重病在身，頹喪潦倒，傳言已死。為鼓舞士氣，他呼喚戰友斛律金用一首歌激勵他和將士們，提醒他們都來自鮮卑族，鮮卑人生活在遼闊的地域，擁有大量的財富，長久以來所向無敵。或許高氏在考慮於回歸祥和的大草原前再做最後的一次征服。儘管這首歌僅以漢譯文形式保留下來，編選者在收錄時還因其「易為齊言，故其句長短不齊」而表示歉意，可以想像斛律金的歌唱留給鮮卑族及漢族聽眾充滿民族特色的印象，毫無向華夏習俗妥協的跡象。這首歌最終達到高歡所期待的效果，（或提醒他們斛律金對高歡的忠誠？）高歡軍獲得勝利。凱旋而歸的高歡後來將兒子推上北齊第一位皇帝的寶座。

另一首僅以漢譯文保存下來的吐谷渾歌，其起源故事記載在《晉書》中：

> 吐谷渾，慕容廆之庶長兄也，其父涉歸分部落一千七百家以隸之。及涉歸卒，廆嗣位，而二部馬鬥，廆怒曰：「先

---

35 James C. Scott, *Seeing Like a State: How Certain Schemes to Improve the Human Condition Have Failed* (New Haven, CT: Yale University Press, 1998).

> 公分建有別，奈何不相遠離，而令馬鬥！」吐谷渾曰：「馬為畜耳，鬥其常性，何怒於人！乖別甚易，當去汝於萬里之外矣。」於是遂行。廆悔之，遣其長史史那樓馮及父時耆舊追還之。吐谷渾曰：「先公稱卜筮之言，當有二子克昌，祚流後裔。我卑庶也、理無並大，今因馬而別，殆天所啟乎！諸君試驅馬令東，馬若還東，我當相隨去矣。」樓馮遣從者二千騎，擁馬東出數百步，輒悲鳴西走。如是者十餘輩，樓馮跪而言曰：「此非人事也。」遂止。鮮卑謂兄為阿干，廆追思之，作〈阿干之歌〉，歲暮窮思，常歌之。[36]

兄弟之間的衝突以兩人成為各自群族的領袖而得以避免。雖然，兩方仍以此為憾事。慕容廆寫給哥哥吐谷渾的〈阿干之歌〉唱到：

> 阿干西，我心悲，
> 阿干欲歸馬不歸。
> 為我謂馬何太苦？
> 我阿干為阿干西。
> 阿干身苦寒，

---

36 《晉書・四夷傳》，收錄於《二十五史》，卷 97，頁 2537。有關《晉書》對兩兄弟的評價，見 Randolph B. Ford, *Rome, China, and the Barbarians: Ethnographic Traditions and the Transformation of Empires* (Cambridge: Cambridge University Press, 2020), 151-152。《晉書》載，「阿干」並非正名，「鮮卑謂兄為阿干」。自 6 世紀起，通婚及語碼轉換將原本屬於阿爾泰語系的同源詞 "Agan"（「兄」）帶入漢語的核心詞彙之中，見梅祖麟：〈「哥」字來源補證〉，收錄於余靄芹、遠藤光曉編：《橋本萬太郎記念中國語學論集》（東京：內山書店，1997 年），頁 97-101。

辭我大棘住白蘭。
我見落日不見阿干，
嗟嗟！
人生能有幾阿干。[37]

這首與華人毫不相干的「四夷」詩歌似乎極為少見。其背後的故事講述兩個強大部落，慕容部落與吐谷渾部落的分離。它們分別對亞洲歷史產生深遠影響。這個故事也如在《詩經》的〈序〉裡時常看到的那樣，將詩歌創作的發生置於政治危機之時。考慮到這首詩在歷史發生的重大作用，我認為即使不考慮翻譯，其文字仍然融匯了草原牧歌與華人傳統詩歌的特質。《晉書》收錄創作的語境及標題，卻沒有收錄全文，我們要在很久以後的編本中才能找到這首詩歌，可見它在前現代時期文學史上的曖昧地位。同樣，《樂府詩集．橫吹歌》中收錄幾首類似於此的遊牧或邊疆背景的詩題，卻沒有全文。到現在為止，我所看到最早收錄〈阿干之歌〉的刊印本是1775年編集的皋蘭縣志。[38]此現象有幾種的解釋。一種可能但難以證實的說法是，它以口耳相傳的方式流傳一千五百年後才被譯為漢語。我認為更可能的解釋是，我們今天看到的這首「歌」是後人根據對慕容廆在當時應該說的話的想像重構而來，他並未如此說。這毫不影響學者們在援引、選編、詮釋〈阿干之歌〉時在腳注中徵引《晉書》，彷彿《晉書》這本歷史著作是此首詩歌的來源，而不

37 陳澄之：《伊犁煙雲錄》，頁23。

38 黃建中、吳鼎新編：《皋蘭縣志》（1775），通過ctext.org查看。Thomas D. Carroll, S.J., *Account of the T'ù-Yü-Hún in the History of the Chin Dynasty* (Berkeley: University of California Press, 1953), 18中也稱他無法找到晚清之前對這首歌的記錄。

是僅僅收錄有關其原始創作的故事。似乎沒有人願意承認這首詩歌實際上是一個虛構的民間傳說。這首詩歌與〈敕勒歌〉皆見證四夷可作樂，因為我們知道他們應該歌唱什麼，而且如此重要的場合必定會引發詩歌創造。

19 世紀前翻譯成漢語的異域詩歌數量並不多，但也遠遠不止以上所舉。前現代異域詩歌在中華保存的數量有限，造成此狀況的原因包括以上所論嚴格的文學規範，翻譯者的缺乏，時間的流逝，音樂曲目中習語的紛繁複雜，以及歌詞往往用來記錄曲調，曲調本身隨著時間的流逝從記憶中消失。當然民族至上思想不只存在於前現代華人之中，希臘人、羅馬人對外來創作的保存或欣賞也實在好不到哪裡去。凱撒大帝帶領大批軍隊攻入高盧後，寫下一篇簡短的當地居民民族志，其中完全找不到對高盧文學的總結或語彙列表，而是以類似中國歷代正史的形式，記錄了大量的人名、地名。[39] 主流文化往往摧滅周邊文化，然而中國朝廷的收藏習慣則與此傾向背道而馳，無視儒家思想中的排他理論，一直以來都重視外來的曲調與韻律，這實際上是從文化上肯認歷史上任何一個時期，華人生活的現實中都存在的融匯現象。中國歷史上每一個朝代都大量引進異域音樂，正史中記載韓朝王國、印度、中亞及其他周邊國家用類似進貢的形式輸入中華的樂工團體，並彙集輸入音樂作品的歌名。不過掌管音樂的官員往往粗心大意，異域的歌名或許留存下來，歌詞卻消失了。例如《舊唐書》載：

---

39 見 Julius Caesar, *Commentarii de Bello Gallico*, ed. Heinrich Meusel, 3 vols. (Berlin: Weidmann, 1961)。Arnaldo Momigliano, *Alien Wisdom: The Limits of Hellenization* (Cambridge: Cambridge University Press, 1975)。

《北狄樂》，其可知者鮮卑、吐谷渾、部落稽三國，皆馬上樂也。……今存者五十三章，其名目可解者六章；〈慕容可汗〉、〈吐谷渾〉、〈部落稽〉、〈鉅鹿公主〉、〈白淨皇太子〉、〈企喻〉也。其不可解者，咸多「可汗」之辭。……北虜之俗，呼主為可汗。吐谷渾又慕容別種，知此歌是燕、魏之際鮮卑歌。歌辭虜音，竟不可曉。……雖譯者亦不能通知其辭，蓋年歲久遠，失其真矣。[40]

邊塞書寫為唐詩大宗，詩人們也並不謹將邊塞視為劃分中華內外的地域。在文學語境中，邊塞卻「徒有其名」。從郭茂倩《樂府詩集》（約 1090 年）收錄的詩歌中，可以明顯看到異域詩歌僅留存標題及曲調，內容大多佚失。唐代宮廷輸入大量異域音樂及詩歌，敦煌洞窟保存眾多了解古代華人與外域平民、商人、僧侶、表演者的知識及藝術交流不可或缺的記錄。[41] 然而中國傳統文學史卻稱異域文學

---

40 五代後晉・劉昫：《舊唐書・音樂志二》，收錄於《二十五史》，第 5 冊，卷 5，頁 3614；亦見於宋・李昉著，夏劍欽等校點：《太平御覽・樂部五》（8 冊）（石家莊：河北教育出版社，1994 年），卷 567。及《樂府詩集》，卷 25，頁 363。有關「馬上樂」的特色，及傳說中黃帝與蚩尤為爭奪天下大戰的「插曲」，見《晉書・樂志下》，收錄於《二十五史》，第 2 冊，卷 23，頁 1325。本段引文中的「可汗」可能就相當於《晉書》所錄歌名中之「阿干」。省略部分解釋樂府中負責保存音樂的「樂工」「世相傳如此」，其祖上在北朝時為非漢族統治的「并州人」，「世習北歌」，由此可見幾千年來在朝廷負責保存音樂的樂工世代相傳，祖先往往來自異域。余少華在〈中國音樂的邊緣：少數民族音樂〉中討論自《周禮》至現代論著中，呈現「外族」或「少數民族」音樂方式的高度一致性。

41 1900 年前後，敦煌莫高窟「藏經洞」中發現數千卷以多種中亞文字寫成的文獻。歐洲圖書館及博物館收藏其中許多文獻，並正在著手進行重新彙集，通過數據掃描分享所藏。見大英圖書館「國際敦煌項目」，http://idp.bl.uk，2021 年 5 月 25 日查看。

的貢獻是邊緣性的、膚淺的，並未影響自《詩經》以降綿延不斷的中華文學發展進程。我們愈熟悉中國歷史上曾經存在的多元文化，就愈難以信任為維護身分認同而無視變化的文學史。[42]

---

42 相關討論見 Haun Saussy, "Review Essay: Recent Chinese Literary Histories in English," *Harvard Journal of Asiatic Studies* 79 (2019): 231-248；"The Comparative History of East Asian Literatures: A Sort of Manifesto," *Modern Languages Open* 1 (2018): 20, https://www.modernlanguagesopen.org/articles/10.3828/mlo.v0i0.206/，2018 年 9 月 8 日查看。

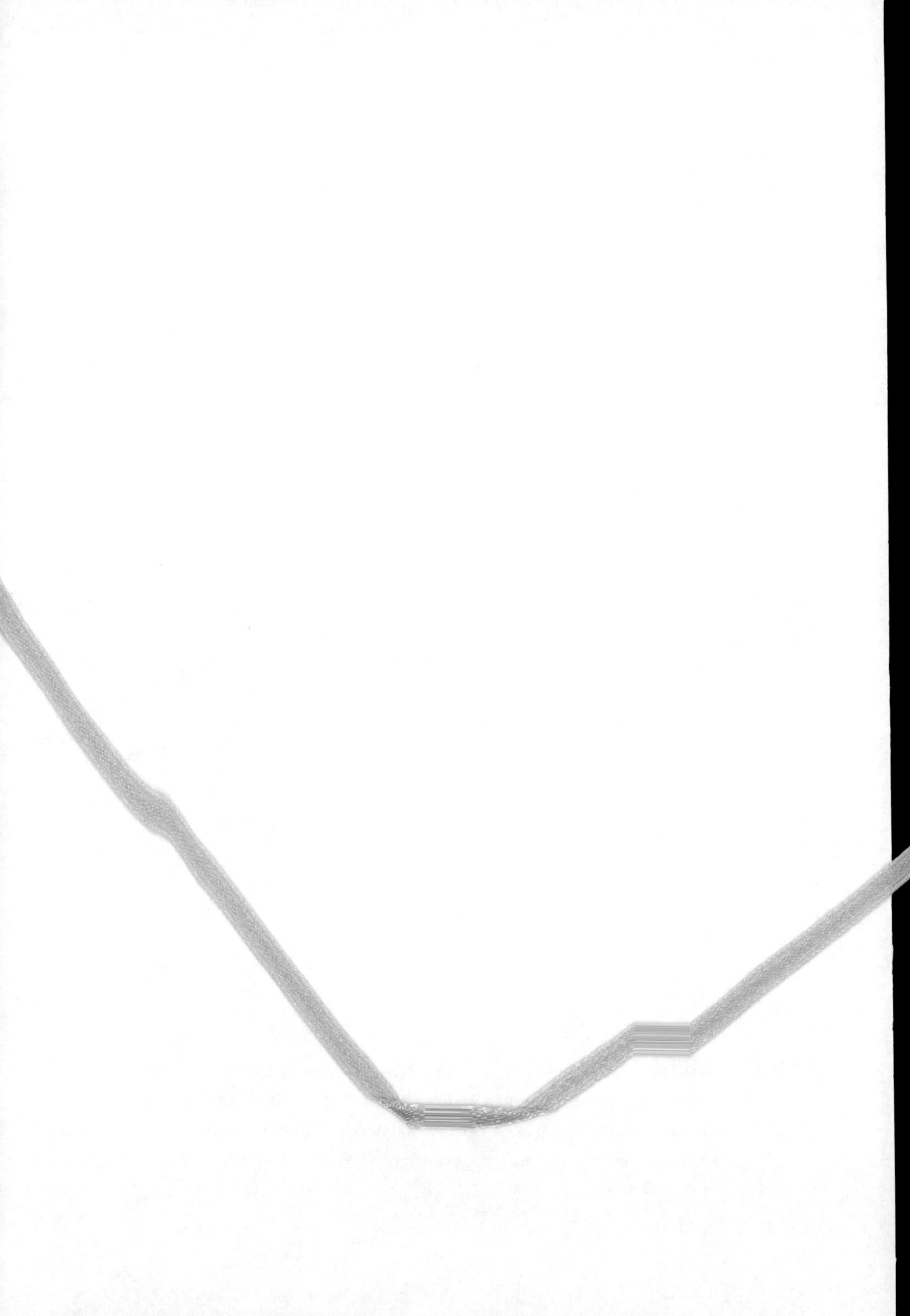

# 第三章
# 「漢字文化圈」：中心、邊陲與荒野

我認為翻譯是推動中國文學或更為廣泛的東亞文學的重要動力，並預見此主張一經提出，即刻就會遭到一些富於才智、博覽群書學者的強烈反對。周文龍（Joseph R. Allen）質疑亞洲領域翻譯研究的功用，他稱：「翻譯研究百變不離歐洲之宗，因為翻譯的問題在於它是非亞洲（至少是非東亞）的建構。」[1] 在他看來，近來學界所推崇的翻譯話語體系沒有必要，完全不必從古舊的文獻中建構出翻譯理論，羅新璋所謂「我國自成體系的翻譯理論」更無從說起。[2] 不過，周氏也承認：

> 筆譯（或口譯）作為各種文化交往形式之一，在古代中國的確存在。然而，從自然而然精英化及經典化的歷史記載來看，翻譯所產生的知識作用微乎其微……翻譯是引發

---

1 Joseph R. Allen, "The Babel Fallacy: When Translation Does Not Matter," *Cultural Critique* 102 (2019): 117.

2 羅新璋：《翻譯論集》，頁 1。Martha P. Y. Cheung, "Power and Ideology in Translation Research in Twentieth-Century China: An Analysis of Three Seminal Works," in *Crosscultural Transgressions: Research Models in Translation Studies, II: Historical and Ideological Issues*, ed. Theo Hermans (Manchester, UK: St. Jerome, 2002), 160 中討論羅氏的中國翻譯理論建構。

> 重大改變的工具，但其本身卻不是評論所關注的對象。人們很早開始就對翻譯幾乎完全視而不見，這並不是因為由霸權意識滋生的盲點，而是因為人們對翻譯本身毫無興趣。[3]

漢字在韓朝和日本成功普及，「將外國與本國融匯而形成不分彼此的語言界域」。[4]翻譯在此界域中不存在，原因很簡單，沒有什麼需要翻譯的。翻譯如果不重要，與其緊密相關的幾個概念也隨之從關注的焦點中消失：「語言本質上的不相對應，無法翻譯的問題，多元語言及其『國族』所引發的張力。」[5]周氏的結論在一定程度上與梁啟超於 1920 年作出的判斷一致：「我國古代與異族之接觸雖多，其文化皆出我下，凡交際皆以我族語言文字為主，故『象鞮』之業，無足稱焉。」[6]但梁啟超意在檢視一種文化偏見，周文龍則在對偏見的反駁中發現偏見。[7]某事物被「精英化及經典化」的史料忽略，並不足以證明它不重要。周氏隨隨便便地以葛蘭西派的姿態否認所謂「霸權意識滋生的盲點」，實在讓人難以理解。

同樣，魏樸和（Wiebke Denecke）也堅持現代的翻譯概念因為受國家中心主義偏見的影響而失之偏狹。在她看來，前現代東亞並沒有因為翻譯不存在而遭遇任何困難。她指出：「漢字開發了字

---

3 Joseph R. Allen, "The Babel Fallacy: When Translation Does Not Matter," 122, 135.

4 同上註，頁 131。

5 同上註，頁 120。

6 梁啟超：〈翻譯文學與佛典〉，頁 3a。

7 就同類性質的例子，見 Talal Asad, Judith Butler, and Saba Mahmood, *Is Critique Secular? Blasphemy, Injury, and Free Speech* (New York: Fordham University Press, 2009)。

母文字無法到達的文學表現維度且……促生多語東亞之『沒有翻譯的世界』，統一了……方言或在口頭上無法直接交流，但卻使用相同書寫系統的語言。」[8]她舉出的例子大致關涉日本的漢文訓讀或對漢語文獻的注釋，但這一模式也可適用於韓朝或越南，甚至中國境內使用的各種在地用語（傳統上稱作方言）。「訓讀不是傳統意義上的翻譯，因為只有一種文獻（而不是分為原文與譯文）。大部分實踐訓讀方法的日本人只掌握一種語言（日語），但並不視漢語文獻為為外文文獻。學習訓讀並不是學習外語，它僅僅要求接受某種特定的讀寫訓練」。[9] Yukino Semizu 稱這種注釋形式為「無形的翻譯」，但魏氏認為還不夠。[10]她稱：「翻譯唯有在表音文字體系中才不可或缺」。[11]如果以表意文字為標準，我們會發現表音書寫很大

---

8 Wiebke Denecke, "Worlds without Translation: Premodern East Asia and the Power of Character Scripts," in *A Companion to Translation Studies*, eds. Sandra Bermann and Catherine Porter (Chichester, UK: Wiley, 2014), 205。Atsuko Ueda, "Sound, Scripts, and Styles: *Kanbun Kundokutai* and the National Language Reforms of 1880s Japan"；及 Matthew Fraleigh, "Rearranging the Figures on the Tapestry: What Japanese Direct Translation of European Texts Can Tell Us about *kanbun kundoku*," 則就訓讀及翻譯的關係持不同看法。David B. Lurie, *Realms of Literacy: Early Japan and the History of Writing*, 348-353, 417-417 中討論漢字文明意欲達到的統一性。

9 Wiebke Denecke, "Worlds without Translation: Premodern East Asia and the Power of Character Scripts," 210-211.

10 Yukino Semizu, "Invisible Translation: Reading Chinese Texts in Ancient Japan," in *Translating Others*, ed. Theo Hermans (Manchester: St. Jerome, 2006), 2: 283-295.

11 Wiebke Denecke, "Worlds without Translation: Premodern East Asia and the Power of Character Scripts," 214。若果真如此，漢語在韓邦慶等作者手上豈不就成為「語音文字」？韓氏於 1892 年以吳語寫成《海上花列傳》，九十多年後張愛玲將其註譯（如封面所註明）成晚清官話版。見清・韓子雲（邦慶）著，張愛玲註譯：《海上花》（臺北：皇冠雜誌社，1983 年）。

的缺陷，在於不懂得該語言體系的人完全無法理解其文獻。與此相對，「傳統東亞受過教育的精英無需翻譯即可讀懂漢語，看得懂漢語文獻且（用漢字書寫的）作品也直接可被中國讀者看懂。」她進而指責：「字母書寫佔據霸權地位，顯示殖民主義威權依然殘留，其起源可上溯至希臘羅馬帝國，其後代在近代早期成功地將表音文字傳播到世界各地。」[12]

如果依循這一思路，我們似乎也應當恭賀中國作家與文字創造者開創一片「同文」空間，並在一定程度上成功地將他們的文字傳播到世界許多地方。但「中國文化圈」（包括自古就有的定居、移民地域及現代離散僑民區）的身分認同在當今卻是具爭論的議題。這在臺灣最為明顯，臺灣人生活、思考的方式多少來自當地，多少來自中國，這些問題隱含更為廣泛的社會意義：臺灣是中國的一個行省嗎？還是殖民屬地？抑或是旁系？是否有人有與「中國文化圈」分庭抗禮的能力或意願？還是所有相關討論都限制在此圈內，必須依照其法則進行？「分庭抗禮」又意味著什麼？[13] 東亞作

---

12 Wiebke Denecke, “Worlds without Translation: Premodern East Asia and the Power of Character Scripts,” 214.

13 胡曉真於〈風聲與文字：從歌謠運動回思非漢語的漢字傳述〉，《中國文哲研究通訊》第 29 期（2019 年），頁 53-77 中探討「漢字文化圈」內部的區分。有關國家認同與文字的討論，見蔣為文：〈從漢字文化圈看語言文字與國家認同之關係〉，「2006 年臺灣國際研究學會會議論文」，http://www.de-han.org/phenglun/2006/bunhoalunsoat.pdf，2019 年 12 月 4 日查看。更為廣泛地從「華語語系」視角思考文學史的研究，一直以來都在質疑對中國現代性的中心化敘述，例如 Shu-mei Shih, “The Concept of the Sinophone,”；Jing Tsu, *Sound and Script in Chinese Diaspora* (Cambridge, MA: Harvard University Press, 2010)；David Der-Wei Wang, “Sinophone Intervention with China: Between National and World Literature,” in *Texts and Transformations: Essays in Honor of Victor Mair’s*

為一個地域曾為多個殖民國家佔領，有些國家在很長一段時間為不同霸權統治，且經歷了國族自決階段，然而總體而言，東亞的「殖民」或「國家」身分既非命中注定，亦非一成不變，如此，我們就應該探討文字、交流技術及政治影響的交互作用。韓朝的韓文、日文的平假名與片假名，及越南包括當今的羅馬字在內各種各樣的書寫體系，這些發明有怎樣的文化與政治意義？這些書寫體系承繼漢字的特徵，與漢字長久以來互動，但並未完全互通：其發展趨勢傾向於逐漸脫離漢字，先是出現漢字與在地用語並行的雙層語言現象，有的國家最終完全脫離漢字，在地用語獨行（北朝鮮對漢字使用的拒斥是極端的例子）。Kornicki 與韓哲夫記錄了中國國內及周邊出現的不同種類在地用語。Kornicki 著眼於歷史進程，韓氏則更著意於功能描述。[14] 漢字傳播過程中並不要求使用者採取一套標準的發音，外國人可以用在地語言讀漢字。漢語文獻的發音本身即可成為閱讀對象，可以在地文字形式（例如平假名）記錄，並從一位讀者傳到另一位讀者。特定漢字在使用時不是用其意義，而是用其音值來傳達非漢字語言的聲音，如我們以上所見越語及白狼語。在其他情況下或許加入一些非字母標誌以引導語法的詮釋，這些伴隨原始語言符號的輔助性標示（如日語中的送假名（送り仮名））最終發展成為一套新的書寫系統。[15] 在其他漢字與在地文字並存的地

---

*75th Birthday*, ed. Haun Saussy (Amherst, NY: Cambria Press, 2018), 59-79。

14 Peter Kornicki, *Language, Scripts, and Chinese Texts in East Asia* 及 Zev Handel, *Sinography: The Borrowing and Adaptation of the Chinese Script*。亦見 Sowon S. Park, "Introduction: Transnational Scriptworlds," *Journal of World Literature* 1 (2016): 129-141，及該學刊此期專刊中的其他文章。

15 David B. Lurie, *Realms of Literacy: Early Japan and the History of Writing* 討論文字的多種功能，並指出文字不可化約為朝向某種目標的過程，詳見頁

方，受過教育的讀者以當地語言的聲音及語言符號對應漢字文獻的意義。唐宋時期維吾爾族人在閱讀漢語經典時，或將漢字的發音轉化為當地的發音，或用在語義上相當的維吾爾字詞及術語代替漢字。[16]契丹及女真讀者使用類似的閱讀技巧。西夏人仿照漢字發展出自己的表意而非表音文字書寫體系，並翻譯大量華人文學著作，以至於「受過教育的西夏人對中華文學文化耳熟能詳，卻可能完全聽不懂或看不懂漢語。」[17]西藏人、蒙古人、維吾爾人及滿州人在接觸漢字之前皆已發展出與漢字毫無關係的文字體系，或許正因為如此，一個字代表一個概念的文字體系對他們而言缺乏說服力，因之，他們更願意通過意譯或改寫方式，將漢語文獻轉化為用自己的文字可以閱讀的文獻。在他們看來，以漢字讀音閱讀漢語文獻只是一種選擇，而且不必然是最佳選擇。

此外，漢字與表音文字相對，必然以表意形式發揮其功能，這種想法有誤。現存最早元代官修《元朝秘史》（蒙文 *Mongqol-un niuča to[b] ča'an*）在蒙古文旁用漢字標音，類似於《古事記》及其他早期日文書籍抄寫者的作法（以古漢語行文，旁附漢字的日語標音）。這並不意味著此書使用漢字創作並以其為目的，北部與西北的語言脈絡非常複雜，難以達到此目的。《元朝秘史》相傳最先用

---

358-364。H. Mack Horton, *Traversing the Frontier: The Man'yōshū Account of a Japanese Mission to Silla in 736-737* (Cambridge, MA: Harvard University Asia Center, 2012), 191, 196, 407-409 中探討文字原型的變化對手抄本傳輸的影響。

16 Peter Kornicki, *Language, Scripts, and Chinese Texts in East Asia*, 183 徵引 Imre Galambos, *Translating Chinese Tradition and Teaching Tangut Culture: Manuscripts and Printed Books from Khara-Khoto* (Berlin: de Gruyter, 2015)。

17 Imre Galambos, *Translating Chinese Tradition and Teaching Tangut Culture: Manuscripts and Printed Books from Khara-Khoto*, 134.

蒙文化的維吾爾表音文字注釋，但注本已佚失。1403 至 1405 年間刻印的最早中文版本中有兩個相互平行的欄位，皆用漢字，一欄以大字漢語標注蒙古文發音，另一欄以小字注釋語義。如第一行大字「成吉思」旁注「名」，大字「合罕訥」旁注「皇帝的」，大字「忽札兀兒」旁注「根源」——第一行的意思因此是「成吉思皇帝的根源」。[18] 明代統治者在取代蒙元政權後，深刻意識到培養掌握異域語言與習俗人才的必要性，因此於 1389 年刊行《華夷譯語》，[19] 此書即從《元朝秘史》漢字譯文稿本中「挖掘」蒙文的例子而編成蒙文手冊。此外明代統治者還組織翻譯《元朝秘史》漢語版，免費提供給不懂蒙文的史學家使用。[20] 據我們所知，雙語版《元朝秘史》

---

18 宋・佚名：《元朝秘史》，收錄於張元濟主編：《四部叢刊》（三編）（500 冊）（上海：商務印書館，1936 年），頁 1/1a。

19 有關《元朝秘史》的編纂及版本，見 Igor de Rachewiltz, trans. and comm., *The Secret History of the Mongols: A Mongolian Epic Chronicle of the Thirteenth Century*, 3 vols. (Leiden: Brill, 2004-2013), xxix, xxxiii, xl-xlviii；及白・特木爾巴根：《《蒙古秘史》文獻版本考》（北京：北京大學出版社，2014 年），頁 22-29、72-77。Rachewiltz 著作中討論明人如何於此書中「挖掘」蒙文的例子，見頁 xlvi。明人火源潔編：《華夷譯語》（上海：商務印書館，1926 年）收錄蒙文詞彙表。有關圍繞歷史書寫及詞彙表的翻譯、轉錄及表現過程的討論，見 Carla Nappi, *Translating Early Modern China: Illegible Cities* (Oxford: Oxford University Press, 2021)。

20 李文田編：《元朝秘史》，收錄於王雲五主編：《叢書集成》（4000 冊）（上海：商務印書館，1935 年）。有關蒙元帝國的行政人員結構，見 Michal Biran, "Mobility, Empire and Cross-Cultural Contacts in Cross-Cultural Eurasia," *Medieval Worlds* 8 (2018): 135-154。David Robinson, "Mongolian Migration and the Ming's Place in Asia," *Journal of Central Eurasian Studies* 3 (2019): 109-129；及 "Controlling Memory and Movement: The Early Ming Court and the Changing Chinggisid World," *Journal of the Economic and Social History of the Orient* 62 (2019): 503-524 中考察明朝如何處理蒙元遺產。

由蒙古人與華人合作編輯翻譯而成，其中顯然包括不同語言之間的翻譯。這並不足為奇，蒙元疆域曾一度橫跨從韓朝西到波蘭，南到越南的廣袤領土，絕不會是「沒有翻譯的世界」。

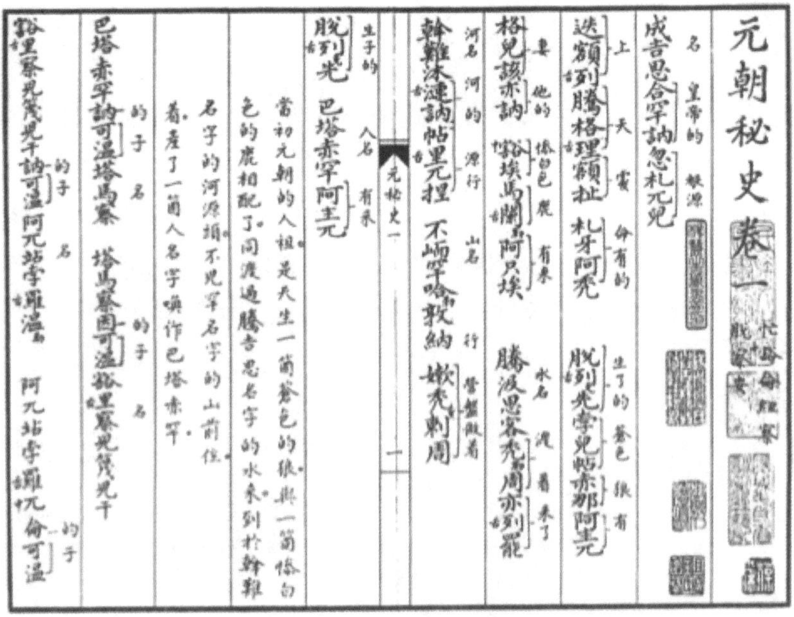
元朝秘史卷一
成吉思合罕訥忽扎兀兒
迭額列騰格理額扎阿札牙阿禿 脫列先孛兒帖赤那阿主兀
格兒該亦訥豁埃馬闌勒阿只埃 騰汲思客禿周亦訥列罷
斡難沐漣訥帖里兀捏 不峏罕合勒敦納 嫩禿黑剌周
脫列克先 巴塔赤罕阿主兀
當初元朝的人祖是天生一箇蒼色的狼與一箇慘白色的鹿相配了同渡過騰吉思名字的水來到於斡難名字的河源頭不兒罕名字的山前住着產了一箇人名字喚作巴塔赤罕
巴塔赤罕訥可溫塔馬察 塔馬察因可溫豁里察兒篾兒干
豁里察兒篾兒干訥可溫阿兀站孛羅溫 阿兀站孛羅溫訥可溫

圖 2　《元朝秘史》首頁

漢語文獻與異域群體之間的關係涵蓋面既然如此之廣，「漢字文化圈」必然存在形形色色不同的內部或外部邊界，其中之一便是語義。在中國內部，我們時不時會遇到無意義的字詞或名稱，這些是已經滅絕的語言通過漢字轉譯保留下來的遺跡。《淮南子》中記載隱含不當意義的地名：「曾子立孝，不過勝母之閭；墨子非樂，不入朝歌之邑。」[21] 劉向在《說苑》及《新序》中曾徵引此句。如

21《淮南子》卷 16，見劉文典集解：《淮南鴻烈集解》(2 冊)(北京：中華書

此為恪守禮儀而採取規避行動的例子顯然為世人所熟知，《史記》載鄒陽自獄中上書梁孝王時，辨明自身清白時即用「縣名勝母而曾子不入，邑號朝歌而墨子回車」之說。[22] 王充則以他特有的懷疑態度對此質疑，地名是毫無意義的機緣與時間的遺跡，沒有特殊意義的歷史沉積，古人的疑慮毫無根據：「里名勝母，可謂實有子勝其母乎？邑名朝歌，可謂民朝起者歌乎？」[23]

這些地名無疑保存了一度在魯國與衛國流行，後來滅絕的語言，它們難以翻譯、荒誕不經，但也提醒我們區分過去與現在邊界的存在。「勝母」、「朝歌」凸顯文化習俗差異，曾子與墨子出於道德立場，以自身行動抵制這些習俗，王充則秉持考古精神，認為地名並不牽涉習俗或意義。地名是歷史沉澱的結果，不完美地掩蓋過去的痕跡。一些殘存的遺跡提醒我們，標準漢字的字形與意義並非一直在受其影響的地域佔據主導地位，也並未覆蓋整個世界。方孝標與其家族因受章鉞案牽連，1659 年流放寧古塔途中體驗的疏離感，即為逐漸迫近卻無法理解的地名，如「寧古塔」、「阿稽」、「了深必拉」具現。[24]

另一種邊界是圖形。中華文化向韓朝、日本及越南等子文化的傳播因為有漢字書寫體系作為中介，雖然不能說毫無障礙，還算

---

局，1989 年），第 2 冊，頁 542。

22 見《史記》，第 8 冊，卷 83，頁 2478。「朝歌」為衛國都城，「勝母」所在不詳。有關中國歷史上方言所發揮影響的簡明討論，見周振鶴：〈從方言認同，民族語言認同到共通語認同〉，《余事若覺》（北京：中華書局，2012 年）。

23 漢‧王充：《論衡》（臺北：世界書局，1983 年），卷 16，頁 68。

24 嚴志雄：〈流放、邊界、他者：方孝標《東征雜詠》探析〉，《嶺南學報》第 13 輯「中國文學裏的他者」（2020 年），頁 127-144。

平穩順利。與此相對照，向西北、西部及西南文化的傳播則困難重重。如果以「無翻譯的世界」之說描述漢語文字的影響範圍，否認字母書寫在其中所發揮的作用，就忽略、簡化了文化的變異性及閱讀方法形成的歷史過程與實踐所牽涉的複雜情境。否定使用語音符號交流的可能，儼然就如專制帝王為達到天下一統的目的發布「今天下同軌，書同文」政令，強制性地消滅現實中的差異。[25] 魏樸和將訓讀解釋為「無翻譯」的閱讀，Yukino Semizu 則採用「隱形翻譯」。然而訓讀要求讀者具備熟練掌握漢字的能力，不憑藉語音閱讀，很難達此能力水平。閱讀往往是語音性的——從 Kornicki 與 Galambos 提供的材料可知，人們在理解一段文字書寫時，首先要設法弄懂文字的發音。當時很少人來往於日本與中國之間，漢語文獻作者所使用的特定發音方式對文獻流通而言因此無關緊要，發音標準往往由讀者所在地域的特定文化決定，有時基於歷史，有時基於語義。「以普同書寫形式創作的文獻……使用在地用語閱讀。」[26]

以在地用語閱讀是否是翻譯？是連結另一種語言的通道，抑或是漢語在新的地理及語音環境中的延伸？ Kornicki 就此與魏樸和的看法不同。他稱：「在地用語閱讀不過是理解文獻的過程或

---

25 《禮記正義・中庸》，卷 53，頁 898-1。Dagmar Schäfer, "Translation History, Knowledge and Nation Building in China," in *The Routledge Handbook of Translation and Culture*, eds. Sue-Ann Harding and Ovidi Carbonelli Cortés (London: Routledge, 2018), 135 徵引 Guo Yangsheng, "Theorizing the Politics of Translation in a Global Era: A Chinese Perspective," *Translator* 15, no. 2 (2009): 239-259，指出：「二十世紀末葉，政治與知識人士在身分建構辯論中，刻意使用看似（與其他語言）無法互通的古典漢語術語」。漢字文化圈或為東亞地區另一種建構身分的途徑。

26 Peter Kornicki, *Language, Scripts, and Chinese Texts in East Asia*, 184 徵引 John Whitman, "The Ubiquity of the Gloss"。

步驟。另一方面，由此步驟而產生的結果（無論是口頭、無聲或書面的），無可置疑的是翻譯。我將這種翻譯命名為『限定翻譯』。……『限定翻譯』讓讀者能夠讀出語音，但不提供意義的解釋，對意義的理解要求讀者必須具備專業漢語知識，或者參考其他注解及詮釋。」[27]的確，在地用語閱讀並不提供新的內容，讀者仍須依賴對其他漢語文獻的知識來理解內容。日本、韓朝與中國的文化交流已逾千年，日本人、韓朝人因此能夠將漢語文字、篇章的意義內化到不再是「外來」的程度。只要接受漢語文獻的地區將漢語閱讀與普世性文明等量齊觀，就不會生成新的意義。但是，隨著時間的推移，接受漢語文獻的受眾不安於單純地接受既有的意義，積極爭取批評與辯論的權力，在地用語閱讀隨之也就愈來愈像翻譯。例如，荻生徂徠（1666-1728）堅持漢語是外來語，日本人在閱讀漢語文獻時應當採取閱讀外文所應有的態度。[28]荻生氏質疑當時人們已習以為常的漢語詞語與日語詞語對等的意識。「他堅信朱熹及其他宋代思想家誤解並過度詮釋經典，這一信念導致他質疑漢語文獻的權威性。」[29]正因為如此，荻生氏提倡閱讀並非單純地用地方語音包裝恆久不變、普世性的理念，而是一種詮釋，一種意見，並因此可被另一種更好的意見代替，對荻生氏而言，這一立場的成立至關重要。同樣，在韓朝，「有些學者對編纂並刊行一套中國經典

---

27 Peter Kornicki, *Language, Scripts, and Chinese Texts in East Asia*, 166.

28 Emanuel Pastreich, "Grappling with Chinese Writing as a Material Language: Ogyū Sorai's *Yakubunsentei*," *Harvard Journal of Asiatic Studies* 61 (2001): 119-170。亦見 David B. Lurie, *Realms of Literacy: Early Japan and the History of Writing*, 332-333。

29 Peter Kornicki, *Language, Scripts, and Chinese Texts in East Asia*, 179.

官方翻譯的提議極為不安，因為這樣就永久固定了對這些文獻的詮釋，留給學者極為有限的辯論餘地」。[30] Kornicki 稱，「在地用語閱讀必然有效：它提供理解古代或當代漢語文獻的途徑，並且使文獻在語言及聽覺上為讀者所熟悉，從而消除文獻的『漢語性』」。[31] 但如果在地用語閱讀變得太自然、太熟悉，也會導致難以質疑文本，影響周邊讀者獨立確定文獻意義的能力。

從純粹描述性意義上來看，如果與異域人的交流完全不通過翻譯，或者如果堅持意義不容置疑，就忽略了模凌兩可意義於歷史上的實際存在，及異域人對這些意義的開發。某文獻是翻譯與否，一種語言是外來與否，取決於你想要作什麼，要證明什麼。荻生徂徠及韓朝學者們呼籲漢語文獻的外來性不容忽視，力圖激活長久以來業已沈澱、固定的文獻意義。上田敦子（Atsuko Ueda）發現：「日本本國語言的出現，實際上借用了漢文訓讀體所建立的語言空間。」[32] 此語言空間的建立要求日本讀者在閱讀時，必須將由漢字衍生而來文字的漢語意義當作外文意義看待。自己的語言與文獻所使用的語言不同，這一意識有利於讀者與文獻保持距離，以便對文獻加以批評。

第三種邊界是修辭性或刻意的。根據 O. W. Wolters 的說法，前現代越南知識精英「其實並不信奉漢語經典。相反……（他們）徵引儒家經典僅是為了『賦予越南人對自己的特定陳述以正當性。』……『斷章取義』，『將段落從原有的語境中割

---

30 Peter Kornicki, *Language, Scripts, and Chinese Texts in East Asia*, 200-201.

31 同上註，頁 185。

32 Atsuko Ueda, "Sound, Scripts, and Styles: *Kanbun Kundokutai* and the National Language Reforms of 1880s Japan," 142.

離。』」[33] Wolters 氏或許有提倡修正主義之嫌，但仍足以使「無翻譯的世界」的主張複雜化甚至與其相牴觸。在此，詞語意義並非問題所在，徵引儒家經典的越南知識精英扭曲、顛覆了文獻原有的整體意義。這種狀況發生的可能性存在本身，就意味著越南的讀者及作者與漢語文獻保持一定距離，拒絕接受這些外來文獻在描述越南發生的種種情況時的確定性及權威性。為達到或可稱為諷刺、挪用、盜用或濫用的效果，他們必定不會全盤接受業已固定的字詞意義，而是在處理漢語字詞時保持懷疑甚至譏誚的態度。漢字文化圈語言體系必須具備足夠的回旋餘地，才可能容許這樣的情況發生。我們應當稱此情況為「翻譯」、「修辭」還是「語用」？翻譯無疑可以指涉所說與所指之間的差距，沒有這種差距，就沒有修辭、主體性或真正的對話。

我們業已討論過不把訓讀當作翻譯，而是純粹語義閱讀的思維模式，並不適用於處在中國內外的地區以多種多樣的在地用語接受漢語文獻的狀況。或許「沒有翻譯的世界」的中心化、無差異的身分認同只存在於幻想之中。如果是這樣，魏樸和力求使漢字文化圈擺脫希臘—羅馬世界的努力之代價就很高，至少高於 Wolters 氏筆

---

33 Liam C. Kelley, *Beyond the Bronze Pillars: Envoy Poetry and the Sino-Vietnamese Relationship* (Honolulu: Association for Asian Studies and University of Hawai'i Press, 2005), 13 徵引、詮釋 O. W. Wolters, "Assertions of Cultural Well-being in Fourteenth-Century Vietnam: Part I," *Journal of Southeast Asian Studies* 10 (1979): 435-450 和 "Assertions of Cultural Well-being in Fourteenth-Century Vietnam: Part II," *Journal of Southeast Asian Studies* 11 (1980): 74-90。Alexander Woodside 與 O. W. Wolters 視點分歧，史學例證則傾向於支持 Wolters 的立場，相關討論見 Shawn McHale, " 'Texts and Bodies': Refashioning the Disturbing Past of Tran Vietnam (1225-1400)," *Journal of the Economic and Social History of the Orient* 42 (1999): 494-518。

下越南人願意付出的代價。我更傾向於接受薛鳳（Dagmar Schäfer）的提議：「複雜精密的語言地區史豐富了對翻譯實踐及其他對應多語世界方式的歷史性理解……我們可以從這類例子擴展對語言交流及行動者在『翻譯』過程中所作的方法選擇的理解。」[34]

薛氏使用的術語，如「行動者」與「選擇」，提醒我們翻譯總是出於某種原因，要達到某種目的，而翻譯的原因與目的可能大不相同。翻譯作為一種技術所提供的可能性與技術的實際使用並不能等量齊觀。Kornicki 稱：「前現代東亞的翻譯大多是匿名且單向的翻譯，沒有任何東亞社會的非漢語作品被翻譯為漢語並介紹給華人讀者。這反映了漢語文學的自足性，但另一方面也顯示東亞語言團體整體而言對文化輸出不感興趣。」[35] Kornicki 書中記載崔行歸（908-978）抱怨華人不讀（用漢語寫成的）韓朝詩。在另一個故事中，韓朝使節與越南使節在北京相遇時交換漢語文言文詩歌，各自稱頌自己的祖國最一絲不苟，謹遵禮樂制度。[36] 在那一刻，彷彿這兩位漢語文化的繼承者已超越了漢語文化本身的限制而佔據了舞台。

不需翻譯的「漢字文化圈」程式，唯有在直接受中國文化影響

---

34 Dagmar Schäfer, "Translation History, Knowledge and Nation Building in China," 139.

35 Peter Kornicki, Language, *Scripts, and Chinese Texts in East Asia*, 213。張伯偉：《東亞漢籍研究論集》及卞東波：《域外漢籍與宋代文學研究》探討中國向日本及韓朝的文化輸出。

36 Peter Kornicki, *Language, Scripts, and Chinese Texts in East Asia*, 303, 18。有關中世紀流離失所的越南人在高麗經歷的記錄，見 David W. Kim, "A Satirical Legend or Transnational History: The Vietnamese Royal Narrative in Medieval Koryŏ," *ChiMoKoJa: Histories of China, Mongolia, Korea and Japan* 3 (2018): 1-19。

的地區才可能得以順利應用。它實際上是侷限於特定地區的特定社會階層之單一文化模式，而且主要適用於漢語文化的向外傳播。即使是漢語經典的「好學生」——韓朝、日本及越南——文化（不僅僅是流行文化）在很大程度上仍然於漢語文字交流圈外生成。中國周邊的交流則明顯牽涉異域語言及書寫系統，包括康居及契丹，或是滿洲、蒙古、維吾爾伊斯蘭教區，或是西夏王國、西藏，因時代不同而異。這些地區的書寫系統受到印度梵語（如西藏）或亞拉姆語（如 17 世紀出現的古維吾爾、蒙古及滿洲文字），當然還有阿拉伯—波斯語的影響。明代大部分領地的居民在此之前從未接觸過漢語書寫，清代擴張領土後，居住在更為廣袤領地上的人們更是從未見過漢字。[37] 由漢字衍生的文字如古壯字、現代壯字及湖南「女書」都不能與漢字互通。[38] 預設漢字文化圈為中華文化擴張的主導模式，這種想法忽視了多元文化故事中其他組成部分，而且是最具挑戰性且因此最有趣的部分。

Kornicki 所謂「單向的翻譯」描述最具影響力的漢語文獻的傳播，其中包括經典、主持科舉考試的行政官員及參與考試的舉子用書、及（業已完全翻譯成漢語的）佛教大藏經。這些書籍從中國輸

---

37 胡曉真：《明清文學中的西南敘事》（臺北：臺大出版中心，2019 年）討論西南地區的漢語漢字傳播。Leo K. Shin, "The Last Campaigns of Wang Yangming," *T'oung Pao*, 2nd series, 92, fasc. 1/3 (2006): 101-128 揭示明代就如何對待南部部落，尤其是如何「開化」他們的政策之爭論。

38 見 David Holm, *Mapping the Old Zhuang Character Script: A Vernacular Writing System from Southern China* (Leiden: Brill, 2013)；Jingqi Fu, Zhao Min, Xu Lin, and Duan Ling, *Chinese Ethnic Minority Oral Traditions: A Recovered Text of Bai Folk Songs in a Sinoxenic Script* (Amherst, NY: Cambria Press, 2015)；Wilt Idema, *Heroines of Jiangyong: Chinese Narrative Ballads in Women's Script* (Seattle: University of Washington Press, 2009)。

出，為積極教育，亦即儒化並漢化民眾的國家所頒行。極少有書籍輸入中國，異域書籍在「文學上自足的中國」幾乎沒有市場。

中國輸出的書寫文化遠大於輸入，但即使在輸出過程中仍然可能遇到障礙。我們生活在全球化商業社會，想當然地認為中國文化產品流通的規模愈大就愈理想，但如此就忽視了掌管外交關係官員的觀念。西藏與唐朝之間曾有「和親」傳統，唐代公主偶爾會與西藏統治者聯姻。西元 730 年，嫁給贊普赤德祖贊（又譯為尺帶珠丹）為妻的金城公主送信至唐朝廷「請《毛詩》、《禮記》、《左傳》、《文選》各一部。」金城公主顯然讀書識字，對她而言這些是基本書籍。

> 宮中制令祕書省寫與之。正字于休烈上疏請曰：「……戎[39]之生心，不可以無備；典有恆制，不可以假人。……昔東平王入朝，求《史記》、諸子，漢帝不與，蓋以《史記》多兵謀，諸子雜詭術。夫以東平，漢之懿戚，尚不欲示征戰之書，今西戎國之寇讎，豈可貽經典之事？且臣聞吐蕃之性，慓悍果決，敏情持銳，喜學不回，若達於書，必能知戰。深於《詩》，則知武夫有師干之試；深於《禮》，則知〈月令〉有興廢之兵；深於《傳》，則知用師多詭詐之計；深於《文》，則知往來有書檄之制。何異借寇兵而資盜糧也！……且公主下嫁從人，遠適異國，合務夷禮，返求良書，愚臣料之，恐非公主本意也。慮有奔北之類，勸教於中。若陛下慮失蕃情，以備國信，必不得

39「戎」原為指涉西方尚武部族的古語，在此借指西藏。

已，請去《春秋》。當周德既衰，諸侯強盛，禮樂自出，戰伐交興，情偽於是乎生，變詐於是乎起，則有以臣召君之事，取威定霸之名。若與此書，國之患也。」[40]

由這個例子可以看出，即使是完全掌握漢語的華人，一旦離開中國，仍失去閱讀漢語經典的權利。此處牽涉的問題不在翻譯而在應用。于休烈認為，中國歷史上的政治、軍事謀略及積累的經驗如果落入敵手，會導致國家安全機密外洩，影響重大。《春秋》記載群雄分起爭霸，爾虞我詐的亂世——如此見不得人的家醜外揚，會使中華喪失尊嚴，更糟糕的可能是，西藏人讀《春秋》，或許會導致其中的歷史記錄在現實中重演，引發藏人與中華爭霸的念頭。這些重要書籍保存於國門之內，有助於維持中國對資訊的掌控。在此，「文」不是指虛無縹緲的奧秘或道德，書籍的擁有意味著維持特定生活方式的能力。[41] 誰能擁有這些書籍因此就成為敏感的問題。金城公主個人在唐宮庭成長過程中或許具備「文」，一旦嫁給外族，就落入《周禮》注疏者及韓愈所謂「諸侯用夷禮則夷之」的地位。[42] 于休烈抵制輸出書籍，因為書籍是區分華夷的關鍵所在。于

---

40 《舊唐書》，收錄於《二十五史》，第 5 冊，卷 196a，頁 4105。有關東平王的事蹟，見漢・班固：《漢書》（8 冊）（北京：中華書局，1962 年），第 6 冊，卷 80，頁 3324-3325。有關一般的書籍流通，見 Talbott Huey, "Chinese Books as Cultural Exports from Han to Ming: A Bibliographic Essay," *Studies on Asia*, series 3, 3, no. 1 (2006), https://www.eiu.edu/studiesonasia/series_iii_3.php，2020 年 5 月 15 日查看。

41 如果稍稍轉換視角來看，于休烈也聲稱唐代的治國策略實際上基於這些遠古經典文獻——這一說法雖然不必然符合現實，但在此情境下或許是恰當的，尤其如果不是顯而易見就更要說明。感謝出版社匿名讀者建議此思考視角。

42 完整的引文見唐・韓愈：〈原道〉，頁 7-11。

休烈敏銳看出西藏人與生俱來的思維敏捷且努力不懈學習的能力，絕不會將他們看作較華人低下的人種。一個國族文化的廣泛傳播似乎可以提高其聲譽，但這種思考方式並不是放之四海而皆準。在此例中對文化財富的獨佔賦予佔有者以權力，財富的特質是文化的，而非種族的，可為任何人佔有，並不局限於華夏民族，統治者因此利用政治手段限制流通。

中國歷史上還有其它官方介入阻止經典書籍輸出的例子。于休烈想到漢朝東平王「求《史記》」，「漢帝不與」，漢帝的決定並不牽涉異域，而是因為東平王行徑惡劣。蘇軾曾反對給予韓朝及契丹人購買漢語書籍的權力。[43] 明清時期也有禁止外交使團攜帶書籍，尤其是地圖及地理書歸國的事例。古代中國文化重要文獻的輸出要求獲得（就如當今技術輸出時所要求的）許可。佛教書籍則是例外，從未受到限制：國家政權對宗教並不關注，更何況佛教本來就是從外國輸入中國，而達摩的佛法教化一直號稱是普世性的。[44] 經典與史學書籍牽涉的問題並不關語言與翻譯，華人想當然地認為異域人能夠閱讀並理解漢語。人為的社會障礙造成信息流通的不對稱。

因之，漢字文化圈內的知識交換乍看似乎暢行無阻，實際上卻不是真正的自由交流區。箇中的千差萬別不是單憑「翻譯」就能夠調和的。前現代文化傳播空間被切割成各種不同使用權、聲譽及

43　宋・蘇軾：〈論高麗買書利害箚子三首〉，收錄於張志烈、馬德富、周裕鍇主編、校注：《蘇軾全集校注・文集》（石家莊：河北人民出版社，2010 年），卷 35，頁 3529-3540。

44　有關書籍輸出的限制，見 Peter Kornicki, *Language, Scripts, and Chinese Texts in East Asia*, 130-142。

關注的區間；區間的差異為單向或雙向信息流通所標示、過濾、分層、導引。對文化流通的記述只有部分屬於文學史家的職責，部分受地理因素影響，並在很大程度上牽涉政策問題——因為政策決定我們主要能看到的文獻種類：有關信息策略的爭論參照之前的意識形態。文化融合一旦出現，長久以來固守的華夷之分就會在某種程度上被修正，既然夷能夠「進於中國則中國之」，華似乎也難以避免「用夷禮則夷之」。從以上唐人圍繞書籍輸出到西藏的辯論，我們可分辨出三個層次的意見：（a）否認異域人具有人性；（b）相信異域人可被教化；（c）憂懼異域人可被教化。持不同層次意見者相應地對華夷之辨應當加強抑或減弱的立場也決然不同。主張加強者往往認為華夷之間本就已有深刻的本質性差別；反之持減弱意見者則傾向於忽視這種差別，或認為差別僅僅是表面性的。

金城公主的困境代表了曾與中央有牢固聯繫者遷徙至邊疆後的經歷，也是中國詩歌中頻頻出現的主題。在這類詩歌中，文學史與地理在邊疆相遇。中國四方的文化前沿各有獨特的書寫模式與感性特色。讓我們暫且回到余少華所畫《周禮》中呈現的中國音樂地圖。

在離開中央的任何方向，我們都會遭遇四個疆界其一。東方是東夷：到唐代，這個名稱只有在古書中才能看到，東方國族與華人的語言及種族差異業已消失。這個古老的名稱偶爾會被用來指韓朝、日本、琉球或其他族群，然而這些「夷」一旦以漢字為他們的高雅文化之載體，與他們的交流就變得相對順暢。在南方，「南蠻」正為遷徙者、軍隊、難民及行政官員侵襲。與東方國族類似，越南保留了漢字傳統。然而唐人仍然視廣西到福建的南部區域為充斥異國風情的邊遠地區。[45]那裡原有的語言在時間的長河中逐漸為漢語方言替代，講當地土語的族群被邊緣化。韓愈、柳宗元、蘇軾都曾流放到此，雖然，明代以前極少見到對南部邊疆（及東部邊疆）的文學書寫。但在西部及北部華人與遊牧民族、商人、敵對王國抗衡的區域，文學創作的發展則是如火如荼。第二章中討論來自高句麗、印度、布哈拉、庫車、喀什、高昌、鮮卑及匈奴等地的音樂跨越國界傳入華人的宮廷與客棧。[46]北方出現獨特的詩歌體裁與主題。中國北邊和西邊疆域語言與文化摩擦最強烈，也因此出現最為偉大的文學傳統，中國在此地域與匈奴、蒙古、滿洲、鮮卑、維吾爾、突厥、西藏、女真、契丹及其他部族交界。在此我不得不使用歸類列舉的作法，因為它最為恰當地呈現西北的多元性與多樣性。郭茂倩《樂府詩集》收錄逾五千首詩歌中，兩種詩歌類型最具代表性，一是被拘禁或作為政治交換工具出塞和親婦女的哀怨之詞，一是被派遣戍守北部邊疆，經年累月征戰，返鄉遙遙無期戰士的憂傷之曲。傷悼蔡琰的〈胡笳十八拍〉及抒寫王昭君不幸經歷的〈明妃〉、〈明君〉等被歷代詩人不斷重寫並不斷誇大漢胡差異。[47] Tamara Chin 將此塞外悲歌文體的特色界定為「書寫對故國

45 Edward Schafer, *The Vermilion Bird: T'ang Images of the South* (Berkeley: University of California Press, 1985)；及 Hugh R. Clark, *The Sinitic Encounter in Southeast China through the First Millennium CE* (Honolulu: University of Hawai'i Press, 2016)。

46 余少華：〈中國音樂的邊緣：少數民族音樂〉，頁 62。印度被包括在西部，因為中印交往大部分通過中亞。有關源自眾多民族的唐朝及之後宮庭音樂如何傳到日本，見 Laurence Picken, ed., *Music from the Tang Court*, 6 fascicles (Cambridge: Cambridge University Press, 1981-2000)。

47 蔡琰：〈胡笳十八拍〉，收錄於《樂府詩集》，卷 59，頁 860-865，跟隨其後的是後代幾首改寫的同題詩。《樂府詩集》卷 29 收錄以王昭君為主題的詩篇，

始終不渝的流亡華人女性形象，極盡筆墨陳述對北方遊牧民族的恐懼之詩篇」，[48]《全唐詩》中收錄數百首〈塞上曲〉及類似詩篇。其他如飲酒詩、送別詩、景物詩、氣象詩、風俗詩、女性詩、食物詩等。典型的邊塞詩以華人的口吻對其他華人講述在邊塞與外族的遭遇。偶爾也有採取非華人口氣，使用《樂府》所允許的虛擬創作方式的情況，例如〈折楊柳〉系列中的一首云：「我是虜家兒，不解漢兒歌」，「不解」可能不是因為缺乏語言能力，而是指原本伴隨「漢兒歌」的音樂已經佚失。[49]

傳統上北部和西部分別被稱作「狄」與「戎」，「漢字文化圈」在此地域遭遇真正的「他者」。「狄」與「戎」或者完全沒有書寫體系，或者使用難以理解的字母。他們不能使用漢字自我代表，必須被代表。[50]以上已討論當「他者」閱讀、書寫漢字時，因為使用的

---

見頁424-434。蔡琰是否是〈胡笳十八拍〉的作者，這一問題具有爭議，因為〈胡笳〉詩篇至11世紀才首次出現在郭氏的選集中。David R. Knechtges and Taiping Chang, *Ancient and Early Medieval Chinese Literature: A Reference Guide*, 52-60收錄有關蔡琰作者身分及傳奇地位的研究。有關作為國家象徵的王昭君形象研究，見Eugene Eoyang, "The Wang Chao-chün Legend: Configurations of the Classic," *Chinese Literature: Essays, Articles, Reviews (CLEAR)* 4 (1982): 3-22；Peter Perdue, "Erasing the Empire, Re-Racing the Nation: Racialism and Culturalism in Imperial China," in *Imperial Formations*, eds. Ann Laura Stoler, Carole McGranahan, and Peter C. Perdue (Santa Fe, NM: SAR Press, 2007), 141-169；Beata Grant and Wilt Idema, *The Red Brush: Writing Women of Imperial China* (Cambridge, MA: Harvard University Asia Center, 2004), 91-94。

48 Tamara T. Chin, *Savage Exchange: Han Imperialism, Chinese Literary Style, and the Economic Imagination*, 214.

49 《樂府詩集》，卷25，頁370。

50 馬克思《路易・波拿巴的霧月十八日》第七部分中「一袋馬鈴薯」描述如一盤散沙的法國農民如何與獨裁者站在同一條戰線上。薩伊德（Edward Said）即以馬克思這段描述中的名言 "They cannot represent themselves; they must be

參照系有差異，語言所呈現的樣態或者為服從，或者為顛覆（以上舉出的〈白狼歌〉即是前者的例證，藏人企圖獲取中國經典的圖謀則為後者的例證）。華人對異域人的描述消除了曖昧不明，其代價則是把講者變成言語的對象，而不是主體——這種情況我將在最後一章討論流亡詩歌時再作詳細的分析。無論是民歌創作者還是宮廷音樂家，在詩歌創作中融入西北風光、人物、習俗及情境之舉，實際上也履行了某種文化傳遞，將新聞從邊塞帶到中央。如蔡琰（或仿照她的口吻者）在〈胡笳十八拍〉結尾所言：

胡笳本自出胡中
緣琴翻出音律同
十八拍兮曲雖終
響有餘兮思無窮

這首詩將邊塞胡笳的聲音轉換為都市使用的琴的音律，與我們一直在討論的對外來語言的音譯或意譯在原則上不無一致之處。但蔡琰是否意在以此為詩歌創作的類比？[51] 要證明此處所使用的是類比，而不是簡單的暗喻，我們就必須將「邊塞文學」的修辭、技巧、主題詞彙加以歸類，從而能夠更為詳細地描述其在廣義的中國詩歌語言中與眾不同的語言特色。陳偉強（Timothy Wai Keung Chan）注意到，對伴隨異域音樂的歌詞之模仿，無疑對獨具特色的邊塞詩歌體裁的出現起到刺激作用。讓人浮想聯翩的地名本身聽起來往往就

---

represented” 作為 *Orientalism* (New York: Pantheon, 1978) 的引言。我化用此句，意在凸顯馬克思與薩伊德截然不同的話語中「代表」意義的雲泥之別。

51 或如以上所述，別人模仿蔡琰的口吻，借用她的身分。

是異域的聲響，提醒讀者詩歌中邊塞的存在。[52] 因為篇幅限制，本文無法展開「邊塞文學」的分析，僅能提出此課題具有繼續開發的可能性（或許這類研究需要統計調查或人工智慧），但我仍可推測「邊塞文學」詩歌子類型的開創及書寫模式的流行，將西北納入中國詩歌創作世界之中，詩人不必跋山涉水到西北那片土地，與當地人來往，也能寫出優秀的邊塞詩。王昌齡與（放蕩不羈的）李白從未在邊疆征戰，卻寫下膾炙人口的經典邊塞詩，足見詩歌創作不必然源自親身體驗，想像往往可以代替所謂的現實。邊塞詩創作將西北內向翻譯，或如道安所說的「譯胡為秦」，建立一套可供任何有能力的詩人使用的原則。

詩歌一直以來都是中國文學中的典範問題，西北正是通過詩歌以及歷史書寫，更具體而言提供邊疆居民訊息的主要來源〈四夷志〉，進入華人的世界，詩歌與歷史在書寫西北的邊塞詩中相遇。歷史書寫中的軼事、範例、人名及地名為包括從詩歌到政府公文的廣泛領域創作提供了典故來源。華人對西北的文學想像為歷史書寫及詩歌所形塑，導致歷史被寫成詩歌，詩歌被當作歷史接受，從而填充其他文化以史詩填充的空間。現代漢語中的「史詩」也的確與 epic 對應。然而在文學史書寫中，每隔一兩個世代就會被重新拉出

52 Timothy Wai Keung Chan, "Beyond Border and Boudoir: The Frontier in the Poetry of the Four Elites of Early Tang," in *Reading Medieval Chinese Poetry*, ed. Paul W. Kroll (Leiden: Brill, 2015): 130-168。Elling Eide, "On Li Po," in *Perspectives on the T'ang*, eds. Arthur E. Wright and Denis Twitchett (New Haven, CT: Yale University Press, 1973), 399-402 探討詩歌如何效法中亞音樂。亦見 Kang-i Sun Chang and Stephen Owen, eds., *The Cambridge History of Chinese Literature*, 2 vols. (Cambridge: Cambridge University Press, 2013), 266-267 有關「北歌」與邊塞詩的討論。

來的陳詞濫調卻是，「中國沒有史詩。」

一個文化缺乏某某的說法是什麼意思？那個文化中的人們或許從未因為沒有某某就感到缺乏。唐代缺乏電視，如果將此缺乏當真就是愚昧。黑格爾和其他人（包括胡適及朱光潛）斷言中華文化中缺少史詩，意在指出一種缺失，彷彿任何有體面的文化都應該有史詩，史詩的缺席暴露了華人意識中存在某種深刻的缺陷。[53]唯有條件允許華人發展，或華人想要發展史詩，缺乏史詩的說法才有意義。我缺乏電視機（這是真的），在當今電視機極為普及的時代，有人可能因此認定我自命清高或是怪人。他們或許覺得我錯過了人生的樂趣，可是我並不想要電視機，他們眼中的缺乏對我而言並不是缺乏。聲稱「中國沒有史詩」的人是否思考過前現代中國也許、可能或應該有史詩？前現代中國人是否以史詩為確立國家身分不可或缺的工具？

詩歌與歷史書寫作為中國表現西北的主要文學方式，經相互交叉對照後揭示史詩所呈現的地域，在地理位置上處於今天的中國境內，但在史詩創作、流傳當時為異域族群的領地。史詩於此廣袤的土地上口耳相傳，並不從屬於中華文化。史詩傳統以英雄為主

53 Georg Wilhelm Friedrich Hegel, *Vorlesungen über die Ästhetik*, in *Werke*, 20 vols. (Frankfurt am Main: Suhrkamp, 1970), 396；胡適：《白話文學史》（臺北：樂天出版，1970 年），頁 86。朱光潛：〈長篇詩在中國何以不發達〉，收錄於北京大學比較文學研究所彙編：《中國比較文學研究資料》（北京：北京大學出版社，1989 年），頁 220-225。蘇美文：〈從「史詩」到「敘事詩」：看中國敘事詩的起源說〉，《中國科技學院學刊》第 32 期（2005 年），頁 177-193；及 Lucas Klein, *The Organization of Distance: Poetry, Translation, Chineseness* 則反對以上立場。黑格爾沒有考慮到《三國演義》或《水滸傳》或可被視為散文體史詩。

角，英雄統一分崩離析的部落，戰勝敵人，憑藉征服者的身分建立王朝。因為文獻的限制，在此的討論範圍侷限於距離我們更近的時代，但有充分理由可以推想史詩創作在中亞、西藏及西伯利亞大草原已有幾千年的發展史。吉爾吉斯的《瑪納斯史詩》，維吾爾的《烏古斯可汗傳說》，及蒙古、喀爾瑪克、衛拉特（或譯為瓦剌）傳送的《江格爾史詩》，都是軍事英雄的史詩，但學界最為關注的是西藏《格薩爾王傳》。《嶺國格薩爾王傳》的英譯者 Robin Kornman 認為這部史詩「被普遍認為是現存世界典藏中最長的一篇文學作品，包含 120 多卷，約兩千萬字」（似乎不是推薦的最佳方式），大概在 13 或 14 世紀前後出現。[54]《格薩爾王傳》在流傳的過程中出現蒙語版、滿語版、突厥語版、西夏語版、拉達克語版及其他語言版，主要版本仍是藏文版。格薩爾史詩是元代和清代的國教，喇嘛／藏傳佛教體系的核心教義，因此獲益於皇家直接或間接的眷顧。19 世紀學識淵博的藏傳佛教僧侶贊助刻印《格薩爾王傳》，其中影響最大的是蔣貢・米龐仁波切（1846-1912）。這部史詩敘述了格薩爾王的出生、經歷的磨難及軍事行動。他挫敗部族內的敵對勢力，贏得妻子的心，抵制多個巫女的引誘，征服十八個具有重要戰略意義的城堡，威震四方並建立和平公正的王國。軍事英雄史詩，詭計的傳說，機巧的軼事，魔法的故事，靈魂的爭鬥與 12 世紀西藏東部的史事在《格薩爾王傳》融為一體。藏文以外的《格薩爾王傳》版本自然包括不同的本民族故事，但講述的仍然是相同的故事。格薩爾王故事與以上列舉的史詩一起見證了西北各部族共享的記憶與

---

54 Robin Kornman, Sangye Khandro, and Lama Chönam, eds. and trans., *The Epic of Gesar of Ling* (Boston: Shambhala, 2012), xv.

想像。神化的格賽爾王在西藏、中亞、滿洲、蒙古各地的廟宇中被供奉。

從文學地理而言，中國疆域遼闊，人口眾多，被認為缺乏史詩但在西北、西部、西南三面為史詩圍繞。西藏、中亞、蒙古一滿洲史詩根植於不同語言，讚頌不同英雄，但在主題及表演風格上驚人地相似。枝繁葉茂的史詩於歷史上與中國毗鄰的地域開花結果，而中國也被欣賞史詩的族群統治了幾百年（元或蒙古朝，1276-1368；清或滿洲朝，1644-1911），漢語文學中卻幾乎看不到史詩傳統的影響。從文學價值觀來看，華人並非想要發展史詩但遭遇挫敗，而是拒斥史詩。

的確，對史詩傳統的熟悉，標誌晚期中華帝國非華人的部族共享文化資源的程度，與這些部族頻繁交往的華人對史詩則毫無興趣。1780 年班禪喇嘛訪問北京，曾與滿清乾隆皇帝討論格薩爾王的現實基礎。班禪喇嘛在為這次討論作準備時，從學識淵博的松巴・益西班覺那裡收集材料。[55]滿清帝國充分發揮史詩及藏傳佛教「文化黏合劑」的功能，聯結其統治下的內亞部族，但並未嘗試吸引華人讀者。《格薩爾王傳》、《江格爾史詩》及《烏古斯可汗傳說》晚至 20 世紀末才譯成中文。究其根由，滿人了解華人歧視創作史詩的大草原居民及遊牧人，不願徒勞無益地將滿族文化在其統治下的華人中推廣。

《格薩爾王傳》、《江格爾史詩》及《瑪納斯史詩》有多重淵

55 Solomon George FitzHerbert, “On the Tibetan Ge-sar Epic in the Late 18th Century: Sum-pa mkhan-po’s Letters to the 6th Pan-chen Lama,” *Études mongoles et sibériennes, centrasiatiques et tibétaines* 46 (2015): 1-21, https://journals.openedition.org/emscat/2602，2017 年 1 月 20 日查看。

源。促進文化融合的歷史事件、環境為它們提供了孳生的沃壤：蒙古軍隊橫跨亞洲的征服，突厥人的漫遊，絲綢之路的商業綠洲，印度、西藏與中亞的來往通道。至遲在 11 世紀既已出現的藏語精簡版《羅摩衍那》對《格薩爾王傳》的形成起到重大影響。《格薩爾王傳》的組成部分為：「首先四天子組成圓周，在此之上四大天王（守護四方的護法神）組成圓周……因為宗教傳說的緣由，北方的代表，格薩爾王及北方毘沙門／多聞天王在此圓周中尤其被重視。然後是（隱藏於北方的秘境）香巴拉及羅摩衍那史詩中的圓周。最後是白哈爾神王磨難史詩……《亞歷山大傳奇》，康居的凱撒與盜賊故事，印度的轉輪聖王及神馬傳說，等等。」[56] 這部史詩混合「佛教僧侶、康居商人、穆斯林旅人、無名集市歌者及其他遊民帶來的各種故事，並與西藏，尤其是安多地區本土故事連結並疊合」的史詩極具中亞特色。[57] 口傳史詩，尤其是亞洲遊牧史詩的來源明顯是混合性的，匯集並吸收任何有助於主題發展的材料，卻被用來彰顯國族獨特性，二者之間的弔詭關係頗具諷刺意味。

1716 年，清廷刊刻蒙文版《格薩爾王傳》並收藏於國家藏書樓。封面上的書名為《三國演義》。[58] 看似是誤解，就如因為特洛伊海倫的出現，而將歌德的《浮士德》誤認為《伊利亞特》，實際上並非如此，更可能是設心處慮的刻意之舉。《格薩爾王傳》的確

---

56 Rolf Stein, *Recherches sur l'épopée et le barde au Tibet* (Bibliothèque de l'Institut des Hautes Études chinoises, 13; Paris: Presses universitaires de France, 1959), 575.

57 Rolf Stein, *Recherches sur l'épopée et le barde au Tibet*, 575-576。Daniel Selden, "Text Networks," *Ancient Narrative* 8 (2009): 1-23 中提供去中心化關係的文學史研究範例。

58 Rolf Stein, *Recherches sur l'épopée et le barde au Tibet*, 137.

包括三個西藏王國的故事，但《三國演義》書名的用意並不在此。《三國演義》中的主角之一是關羽，後來被神化為關帝。西藏、中亞及北亞供奉格薩爾王的寺廟被當地講漢語的居民稱為「關帝廟」。[59] 任何人只要稍微留心查看格薩爾王的傳說、圖像或塑像，立刻會明白格薩爾王是具有神奇力量的佛教尚武之王，與關公毫不相干。關羽所屬的蜀國與魏國、吳國於西元 3 世紀前後長期爭戰，三分天下。近一千年後格薩爾王才出現，勵精圖治，統一三個西藏王國。滿清政權將格薩爾王與關公相提並論，為了達到文化目的而牽強附會，意在於漢族與藏族群體之間建立平行關係。史詩本來就是包容性文體，延續自古以來的習俗，邀請關公加入英雄行列又有何妨？

2003 年，聯合國教科文組織將《格薩爾王傳》列入「人類非物質文化遺產」，中國政府隨之構想九年行動計畫，為口頭傳頌建立檔案，訓練年輕表演者並在西藏、中亞及內蒙古建立表演舞台供他們演出。現代中國政權為「少數民族」英雄傳說配置基礎設施，表面上以傳播推廣為目的，背後或許還隱藏化解多文化多種族社會結構相互角力，尋求獨立自主（建立自己的國度）潛在危險的企圖。格薩爾王、江格爾、烏古斯可汗及其他史詩英雄皆帶領軍隊抵抗敵對勢力並征服鄰國，其中包括華人定居的地域。《印度國防評論》（*Indian Defence Review*）（從刊名即可了解其立場）刊登的一份報告認為，中國政府對遊牧民族史詩表彰行為的動因是馬基維利主

---

59 Solomon George FitzHerbert, "The Geluk Gesar: Guandi, the Chinese God of War, in Tibetan Buddhism from the 18th to 20th Centuries," *Revue d'Études Tibétaines* 53 (2020): 178-266.

義。報告指出烏古斯可汗史詩中描寫華人詭詐的片段被修改刪除，瑪納斯及烏古斯可汗史詩的相對性繫年並非哲學理念上的爭議，而是吉爾吉斯及維吾爾對此地區文化優越權的爭奪。[60]今天的中華人民共和國所承繼的是清代帝王確立的疆界，清代帝王收服西藏為屬國，在現在的新疆境內建立隸屬清朝但由地方精英管理的穆斯林領地，並保留滿洲人在蒙古與滿洲大草原的基地。然而當今中國中央集權統治下的民眾 92% 為漢族，佔據多數，無法延續滿清實行的文化分隔政策，必須制定不同的策略。中國政府在「少數民族」及國家文化傳統上所採取的立場仿照前蘇聯對應「民族問題」的模式，並參考民族學專家的意見。[61]官方稱中華人民共和國為「同一的多民族國家」。此搭配方式允許根據目的的不同強調「多民族國家」或「同一」。因此，在 2018 年 3 月全國人民代表大會的閉幕辭中，習近平能夠宣稱格薩爾王及其他史詩是「中國」的：

> 中國人民是具有偉大創造精神的人民。在幾千年歷史長河中……我國產生了老子、孔子、莊子……等聞名於世的偉大思想巨匠……傳承了格薩爾王、瑪納斯、江格爾等震撼人心的偉大史詩……。[62]

---

60 Jabin T. Jacob, "China in Central Asia: Controlling the Narrative," *Indian Defence Review* (January-March 2017), http://www.indiandefencereview.com/news/china-in-central-asia-controlling-the-narrative，2018 年 7 月 12 日查看。

61 Joseph Stalin, *Marxism and the National Question* (1913), reprinted as *Marxism and the National and Colonial Question* (Leningrad: Cooperative Publishing House, 1935)。Thomas S. Mullaney, *Coming to Terms with the Nation: Ethnic Classification in Modern China* (Berkeley: University of California Press, 2010) 探討 1950 年代確立「56 個少數民族」的過程。

62 習近平：〈在第十三屆全國人民代表大會第一次會議上的講話〉（2018 年 3 月

這些史詩重新包裝成為「中國」文化遺產後，與史詩的歷史、語言及內容及中華文化相距甚遠，但達到政治目的。

自古以來在官方的儒家地理與文化想像中，荒蠻人種為中華禮樂及政治統治文明之優勢吸引，中國以外的異域不可能創生文化。即使在中國為「夷」（如蒙古族、滿族）統治的時期，文化領域至少理論上仍然維繫從中國古聖先賢不斷延續的精神命脈。今天中國轉而「傳承」反映清朝霸權的史詩，使其成為實施「一帶一路」倡議的一種途徑。我並不是要堅持國家特質永恆不變，但此故技重施的作法似乎是一種文化惰性。

國家將文化資產與身分認同據為己有的現象本身應當被看作一個問題，而不是對問題的解決或不可避免的狀況。人口、領地、國族、文化、語言及交流網絡皆為獨立的變數，流動不居，文學史應當盡其所能彰顯而不是掩蓋這一事實。下一章將探討移動性帶來的某些後果。

---

20 日），http://www.gov.cn/xinwen/2018-03/20/content_5276002.htm，2018 年 3 月 20 日查看。亦見 Victor Mair, “Latin Caesar → Tibetan Gesar → Xi Jinpingian Sager,” (2008), https://languagelog.ldc.upenn.edu/nll/?p=37285，2018 年 3 月 23 日查看。

# 第四章
# 形塑中國：歷史書寫的若干不對稱性

以上各章中時不時會出現族群關係問題，相關討論涉及「華夷之辨」，具體而言，「華」與「夷」之間應當以誰為主，以誰為賓，或「華」族群與「夷」族群之間遵守、要求或強制施行何種形式的分隔。眾多學者已圍繞傳統中華種族與族裔概念發表論著，或探討語意分類，或描述族群生活體驗，或分析政治與外交話語。[1] 歷史

1　參見 Pamela Kyle Crossley, "Thinking about Ethnicity in Early Modern China," *Late Imperial China* 11 (1990): 1-35；Frank Dikötter, *The Discourse of Race in Modern China* (Stanford, CA: Stanford University Press, 1992)，中譯見楊立華譯：《近代中國之種族觀念》（南京：江蘇人民出版社，1999 年）；Susan Blum, *Portraits of Primitives: Ordering Human Kinds in the Chinese Nation* (Lanham, MD: Rowman and Littlefield, 2001)；Yuri Pines, "Beasts or Humans: Pre-Imperial Origins of the 'Sino-Barbarian' Dichotomy," in *Mongols, Turks, and Others: Eurasian Nomads and the Sedentary World*, eds. Reuven Amitai and Michal Biran (Leiden: Brill, 2004), 59-102；Wolfgang Behr, "Role of Language in Early Chinese Constructions of Ethnic Identity," *Journal of Chinese Philosophy* 37 (2010): 567-587；Thomas S. Mullaney, *Coming to Terms with the Nation: Ethnic Classification in Modern China*；Thomas S. Mullaney et al., eds., *Critical Han Studies: The History, Representation, and Identity of China's Majority* (Berkeley: University of California Press, 2012)；Shao-yun Yang, *The Way of the Barbarians: Redrawing Ethnic Boundaries in Tang and Song China*。Siao-chen Hu, "Cultural Self-Definition of Southwest Chieftains during the Ming-Qing Transition," *Journal of Chinese Literature and Culture* 7, no.1 (2020): 167-191。探討邊緣群族成功融

學家則嘗試從更為宏觀的視角探索交相更替的不同「華」／「夷」關係思想流派的發展模式。例如，羅至田稱：「歷代凡盛朝則多發揮其開放性之正面。到夷夏勢均力敵盛於夏時，士人則往往強調其封閉性的負面。要仍多從政治考慮也。」[2] 如此概括的說法很難具有說服力，正如楊劭允（Shao-yun Yang）在其唐宋國家身分話語研究中所指出的，中華與異域關係的研究必須顧及千百個作者及情境。本文所處理的範圍相對較小，僅限於中華文化發展巔峰時期被視為非中華的作品、素材、想法及風格。即便如此，我們仍然不應當忽視文化研究涵蓋更為長久的時段，藝術作品創作者或批評者通常不會像外交家或政治家那樣為對應一時的危機奔忙，而是希冀能夠流傳千古。此領域研究的目標也不應當是建立一成不變的定律，而是尋求群體意識的趨向。與此同時，排他性在文化領域也往往較政治黨派、種族、地理甚至語言領域更為尖銳、頑固。而且正因為對文化的維護或保存為象徵性的，由此引發的區隔也很難在物質現實中清晰界定。Erica Fox Brindley 因此指出，對知識邊界的管制因思想流派而異，儒家最為強烈地堅持華夷習俗之間存在非常明確的尊卑秩序，在漢朝廷任職的儒士更主張華夷之間存在天壤之別，夷狄習俗不能歸入儀秩，夷狄音樂要能溯源到中華上古聖人所建構的

---

入中國文化主流的例證，實屬難得一見。

2　羅志田：〈夷夏之辨的開放與封閉〉，《中國文化》第 14 期（1996 年），頁 222。François Hartog, *Le miroir d'Hérodote: Essai sur la représentation de l'autre*, 2nd ed. (Paris: Gallimard, 2001) 一書探討各民族如何自我定義，可資對照。有關語言作為古代地中海城邦圖騰的研究，見 Jonathan M. Hall, "The Role of Language in Greek Ethnicities," *Proceedings of the Cambridge Philological Society* 41 (1995): 83-100；及 *Ethnic Identity in Greek Antiquity* (Cambridge: Cambridge University Press, 2000)。

文化，才能稱為音樂。[3] 其他思想流派就沒有這麼嚴格，例如佛教原本就是通過「胡」語傳入中華，此外異域音樂甚至一些詩歌也成為中國文化的組成部分。然而文本仍因「華」或「夷」的不同歸類遭遇不同的命運。佛經漢譯本由專門機構及專家保管，因此得以流傳，其他自異域傳入中華宮廷的非漢語詩歌就沒有那麼幸運，許多消逝在時間的長河之中，唯有漢語譯本流傳下來。「華夷之辨」是中國文化史上不容忽視的課題，但「辨」本身也並非無可爭議。「華」與「夷」之間，華人與非華人之間是否有差別？如果有，是否經得起考驗？

如何區分「華」與「夷」？如何定義「華」？對這些問題的回答無可避免地要限定在特定的情境之中，並因此反映時代的成見及限制。近一百年前的一部民族學著作見證了此類成見及限制。臺灣中央研究院院士李濟（Chi Li）帶領安陽殷墟考古發掘工程並創辦臺灣大學考古人類學系，被尊為「中國考古學之父」。李院士於 1923 年完成博士論文《中國民族的形成》（*The Formation of the Chinese People*，1928 年發表）並獲得哈佛大學人類學博士學位。他的博士論文以對外貌特徵類似並共享文化資源與血統的群體理念之考察為核心，指出中華民族是頭顱寬闊且鼻型狹窄，居住或起源於中華本土，且自遠古不斷創造並傳承中華歷史的「黃帝後裔」。[4]

---

3　詳見第二章。

4　Chi Li, *The Formation of the Chinese People: An Anthropological Inquiry* (Cambridge, MA: Harvard University Press, 1928), 282, 287，中譯見李濟：《中國民族的形成》（南京：江蘇教育出版社，2005 年）。葛兆光：《何為「中國」：疆域、民族、文化與歷史》一書回顧李濟及與其同時的學人就中國起源的辯論，見頁 90-100。

其中多處徵引本文在第二討論的江統區隔「華」「夷」之代表作〈徙戎論〉。李氏為一勞永逸地確立「黃帝後裔」身分，並評量漢人與「通古斯」、「藏緬」、「孟—高棉」、「撣」、「匈奴」、「蒙古」、「矮人」族群混融程度，聚合當時盛行且跨越多個領域的話語：世人普遍接受的人種為歷史發展終極決定因素之說，漢人排滿種族主義，美國第 28 任總統威爾遜「民族自決」理想及（李氏導師虎藤〔Earnest Hooton〕推崇的）優生學人類分類及選擇理論。此種聚合多種理念以支持基因決定身分的研究方式在當今學界幾乎已經消聲匿跡。李氏在發表博士論文後不久也放棄了這一取向。

葛兆光《宅茲中國：重建有關「中國」的歷史論述》在某種程度上回應了「華夷之辨」，或者更準確地說，華與夷之分恰當性的問題，[5] 其近作《何為「中國」：疆域、民族、文化與歷史》中提出的問題與此密切相關。葛氏所思考的主要是中國作為一個國家在歷史發展中的延續性與實存性。中國的歷史是否由於外族侵略及思維方式的徹底改變而間斷，抑或存在某種超越所有這些變革的因素，促使其持續發展？我們應當如何定義中國，才能使其能夠在歷史長河中既保存傳統又不斷創新？易言之，中國的身分認同需要遵循怎樣的規則，才能面對歷史的考驗？我猜想葛氏在思考國族存在模式時，或許曾想到勒南（Ernest Renan）於 1882 年發表的著名演說「何謂國族」。在演說中勒南權衡學者們就此問題給出的答案，認為並未切中要害。「人類不是他的種族、語言、宗教或養育他的

---

5　葛兆光：《宅茲中國：重建有關「中國」的歷史論述》（北京：中華書局，2011 年）。

山山水水的奴隸。」[6]也就是說，地理、宗教、語言或種族都不足以形成一個國族。當然勒南演說所指的對象是法國，現代法國兼容曾經各具特色的凱爾特人、拉丁人、德國人及巴斯克人後裔，法國的宗教信仰以天主教為主，但也推行宗教寬容政策。法語是通行全國的語言，但 1789 年法國大革命之後才開始推行法語教育。法國的地理範圍直到近代仍多次改變。此外，1882 年法國民眾的政治取向從保皇黨到共產黨無所不包。以單一「國族」概念化約如此紛繁複雜多元性的努力似乎徒勞無益。勒南提出的解決方案，首先是將「國族」概念與共享的記憶連結，亦即今天的我們認同過去的「我們」的所作所為及生命樣態，其次是日復一日，年復一年地將生活在法國的民眾凝結為倫理團體。勒南認為「國族」的歷史持久性最終取決於民主體制與教育。他意識到倫理團體可能很脆弱，難以維持，內戰可能爆發（如巴黎公社於 1871 年與政府衝突並短暫統治巴黎政府），行省可能要求獨立，被佔領區的民眾或許並不忠於佔領者。促進民眾團結一致，以國族利益為重的一種途徑是通過特定的歷史敘述方式讓他們有共同的歸屬感。假設 1871 年普魯士在普法戰爭中擊敗法國並佔領阿爾薩斯和洛琳後，為說服阿爾薩斯地區的新教徒法國從來就不是他們的祖國，散播「法國」是 1572 年聖巴托羅謬大屠殺，1685 年南特赦令的廢除及由這些引發的暴力事件之罪魁禍首的流言。即便如此，或許仍然有忠誠於巴黎及法蘭西共和國的新教徒，寧願相信 1572 年屠殺胡格諾教派的不是「法國」，而是受肆無忌憚的派系頭領煽動的暴徒之惡行。1685 年驅逐新教徒及猶太人的也不是「法國」，而是為情婦及天主教徒所惑的路易

---

6　Ernest Renan, *Qu'est-ce qu'une nation?* (Paris: Calmann-Lévy, 1882), 23.

十四。易言之，歷史敘述的取捨導致我們牢記某些事件而遺忘或不考慮其他事件，也導致我們作為群體的一員，願意與其他成員共同承擔某些事件的責任，或否定參與其他必須從記憶中抹去的事件。「遺忘，或者對歷史錯誤的遺忘是形塑國族的必要條件。……每一位法國公民都有忘卻聖巴托羅謬大屠殺及 12 世紀對普羅旺斯純潔派的宗教迫害之義務。」[7]

諾哈（Pierre Nora）及同僚在《記憶所繫之處》（*Les Lieux de mémoire*）中，將國族描述為保存於記憶中的模式，並在日常生活中通過教育及敘述的儀式不斷更新。[8] 就此，葛兆光作出以下回應：

> 和歐洲不同，中國的政治疆域和文化空間是從中心向邊緣彌漫開來的，即使不說三代，從秦漢時代起，「車同軌，書同文，行同倫」語言文字、倫理風俗和政治制度開始把民族在這個空間中逐漸固定下來，這與歐洲認為「民族原本就是人類史上晚近的新現象」不同，因此，把傳統帝國與現代國家區分為兩個世代的理論，並不符合中國歷史，也不符合中國的國家意識觀念和國家生成歷史。[9]

這個「從中心向邊緣彌漫開來」的中國只是多種中國中的一種可

---

7 Ernest Renan, *Qu'est-ce qu'une nation?*, 7, 9.

8 Pierre Nora, ed., *Les Lieux de mémoire*, 3 vols. (Paris: Gallimard, 1984-1992).

9 葛兆光：《宅茲中國：重建有關「中國」的歷史論述》，頁 28。「車同軌，書同文，行同倫」引自《史記》及《中庸》（見本書引言註 2、3）。「民族原本就是人類史上晚近的新現象」出自 Eric Hobsbawm, *Nations and Nationalism since 1780: Programme, Myth, Reality* (Cambridge: Cambridge University Press, 1990)，中譯見李金梅譯：《民族與民族主義》（臺北：麥田出版，1997 年）。

能，卻是為儒家「道統」傳承譜系中的思想家認同的國族模式，如果將此模式具象化，就如夏至日出時站在適當位置，即可在巨石陣看到的投射到其圓心的陽光。葛氏 2011 年著作選用書名《宅茲中國：重建有關「中國」的歷史論述》所凸顯的模稜兩可正是本書中的關注聚焦。Jesse Field 及秦方（Qin Fang）將書名翻譯為 *Here in 'China' I Dwell*。翻譯者在翻譯過程中總要有所取捨，因此有所得也有所失，《宅茲中國：重建有關「中國」的歷史論述》譯者也不例外。他們將 'China' 置於引號之中，暗示對一成不變國族認同觀的質疑，但如此翻譯書名也極大壓縮了需要敘述與表現的歷史範圍，使讀者難以充分理解中國概念的形成過程。引號的使用預設「中國」概念實際上不存在。更恰當的翻譯或可為 *Dwelling in the Central States*，或（更為冗長的）*Dwelling in the Central States That Would Become China*。"Would become" 指示過去的歷史對今天的期盼。葛兆光探討的問題是如何解釋中國，中國的存在是客觀事實，但其發展進程則必須重構。中文書名看似宣告事實，但如果仔細思索則可知實際上是在暗示過程。「中國」一詞首見於西元前 11 世紀西周著名的青銅器何尊銘文。銘文云：「隹武王既克大邑商，則廷告于天曰：『余其宅茲中或，自茲乂民。』」[10] 何尊是迄今所知「中國」一詞的最早來源，但銅尊上的銘文卻不是「國」，看起來更像「或」，在其後形成的漢字書寫體系中大致用來指示「有人」、「或者」。漢代文字學家許慎即將「或」作為「域」（「地域」

---

10　何尊銘文，何尊現保存於中國陝西寶雞青銅器博物館，銘文由馬承源抄錄於《中國青銅器研究》（上海：上海古籍出版社，2002 年），頁 221 中。唐蘭在〈何尊銘文解釋〉，《文物》第 1 期（1976 年），頁 60-63 中首次討論何尊銘文內容。

之「域」）或「㽣」（「域」的異體字，今已不用）的原形字，與今天使用的「國」互通。[11]「國」字的發明似乎意在凸顯「王國、國家」之意，從而區別於一千多年前何尊銘文中的同義古字「或」。艾蘭（Sarah Allan）認為「或」與「域」同義，她因此將「中或」翻譯為「在此中央地域」。

在考察「或」到「國」意義演變的過程中，我們仍然必須辨析「國」所指涉的是單數名詞「中國」或複數名詞「中央諸國」（“the Central States”）。前者屬於辭書學或古字學範疇，後者則是歷史或政治範疇的概念，雖然，字源學與歷史之間存在千絲萬縷的牽連，不易釐清。或許在辨析「國」時所遇到的困難是中國獨有的，但我們仍然需要解決相關問題。上古時期鑄造何尊者恐怕難以想像，「國」在未來歷史發展進程中將經歷怎樣的意義演變與分化。

---

11　許慎稱：「或，邦也。从口，戈以守其一。一，地也。」段玉裁注曰：「古文祇有『或』字，旣乃復製『國』字。以凡人各有所守，皆得謂之『或』。各守其守，不能不相疑，故孔子曰：『或之者，疑之也。』而封建日廣，以為凡人所守之『或』字未足盡之，乃又加『口』而為『國』；又加『心』為『惑』，以為『疑惑』，當別於『或』。此孳乳寖多之理也。」見漢・許慎著，清・段玉裁注：《說文解字注》（臺北：聯經出版社，1980年），頁12b/39a。段氏在許慎說法基礎上增入從「或」到「國」（及「惑」）的寓言式符號學解釋方式，箇中蘊含的思想或與霍布斯（Thomas Hobbes）到洛克（John Locke）提出、發展的社會契約理論不無相通之處。

圖 3　何尊銘文

圖 4　何尊銘文細節

葛兆光《宅茲中國：重建有關「中國」的歷史論述》用漢語寫成，不需要解決「中國」／「或」／「域」意義上的模稜兩可，它們可以指前帝國時期由多個城邦組成的東亞共和政體，即「中央諸國」或「中央地域」（“the Central Territories”），也可以指後來興起的統一政體或文化自我身分認同，即「中國」(“China”)。「中國」／「或」／「域」彷彿是持續使用了三千年卻不曾被分析也不必分析的雙關語。但當譯者將葛氏著作譯為英文時，「中國」一詞每出現一次，譯者就必須於兩種並存的意義之間選擇其一，沒有模稜兩可的餘地。如果混淆西元前 11 世紀銘文中的「中國」與今天錢幣及護照上印的「中國」，就難以避免造成時代錯亂之虞。葛兆光在《宅茲中國：重建有關「中國」的歷史論述》中並沒有犯此錯誤，他的目的是追溯「中國」及相關術語意義在歷史上的發展進化，因此在書中不斷探問，被人們反覆使用的術語是否有與其相對應的恆常持久之現實。葛氏對此問題的回答是：「中國的空間雖然邊緣比較模糊和移動，但中心始終相對清晰和穩定。」[12] 或許有史學家認為中心並不穩定，但這不是我們在討論翻譯時需要解決的問題。然而不加區分地將「中國」譯為 “China” 過於草率，也正因為如此，Jesse Field 與秦方的英譯本與葛兆光中文原本相比更為教條武斷。

當然《宅茲中國：重建有關「中國」的歷史論述》中的論述偶爾也有從當今中國的後設視角思考早期地域、政治、文化結構的傾向。在探討「中國」問題時必須謹慎，不要落入目的論陷阱，認為實際發生的事件有其不可避免的必然性。葛兆光的研究是歷史知識論的實踐：他回顧過往學者及統治者對中國是什麼的問題給出的答案，指出他們對中國的定義千差萬別，卻都建立在相同的概念基礎上。

如果我們從相反視角或多個視角來理解「中國」，會有怎樣的

12 葛兆光：《宅茲中國：重建有關「中國」的歷史論述》，頁 26。

發現？

眾所周知，漢語書寫體系與華人身分認同聯繫緊密，維吾爾史學家卡哈爾・巴拉提（Kahar Barat）直截了當地指出：

> 其實是漢字制造出了漢民族，沒有這個字就沒有漢民族。漢民族本來是一百多個民族同化成一體的。這個過程還在繼續。中國有 56 個民族，過五十年可能只剩 6 個民族了。其實現在就有一半已經有名無實了。[13]

卡哈爾・巴拉提話中似乎隱含諷刺，但並非毫無道理。習近平或許認為漢字的發明是「偉大中國人民的巨大成就」，但反過來也可以說偉大中國人民是漢字的巨大成就。[14] 漢民族擴張的有效途徑之一即是通過漢字書寫系統教化、兼併鄰邦。

這種民族擴張方式在世界各地廣泛使用。無論是澳大利亞、南美、布列塔尼還是任何其他區域，在英語、西班牙語、法語等影響不斷擴張趨勢下，本土語言使用範圍日漸縮小。當地居民自幼接受外來強勢語言教育，成人後就職繼續使用，逐漸遺忘祖輩的語言。本土語言日漸式微，村落中僅剩下風燭殘年的老人還能夠聽懂。有

---

13　王力雄：〈王力雄訪維吾爾學者卡哈爾・巴拉提，談新疆歷史〉，「中國邊緣」部落格 2013 年 8 月 7 日文章，http://bianjiang.blogspot.com/2013/08/blog-post_2551.html，2018 年 9 月 24 日查看。

14　巴拉提的立場無疑受到他作為漢族統治下的少數民族身分影響。徐杰舜在〈理解漢民族的雪球效應〉中的說法則更為主流：「漢字書寫體系與文化身分認同構成凝聚漢族最為有力的表現方式。漢字書寫體系在促成漢民族統一上發揮獨特且重要的作用。……漢字呈現為穩定、清晰的方形，正是凝聚漢民族心理，給予其強有力的身分感之力量。……沒有漢字就沒有漢民族，漢字是漢民族精神與根基的象徵。」見 Thomas S. Mullaney et al., eds., *Critical Han Studies: The History, Representation, and Identity of China's Majority*, 120-121。

些地區已意識到此語言危機，在語言學家及人類學家的協助下努力挽救瀕臨滅絕的語言，編纂語法手冊、辭典等，甚至建立學校教授兒童，力圖恢復本土語言的生機。很可惜種種努力往往不敵強大統治政權所推行的語言教育、使用政策，弱小無力、組織鬆散群體的語言消失現象在全球蔓延。[15] 這一現象在中國已延續幾百年。維吾爾史學家痛切感受到新疆人及甘肅人獲得教育及謀生的出路愈來愈取決於普通話能力，本地突厥語相應地愈來愈無足輕重，這當然是統治者刻意推行的政策所造成的結果。[16] 中國的北部及西部邊界語言滅絕的狀況有其獨特性，不僅口語能力驟降，甚至能夠書寫當地文字的人都在逐漸減少。以上徵引王力雄與卡哈爾・巴拉提的訪談，主題是十六國時期（4 世紀初至 5 世紀中期）漢文佛經如何傳入維吾爾王國，在此之前佛教已在維吾爾地區盛行幾個世紀，在此之後佛教持續發揮影響，直至 10 世紀五代、北宋時期才為伊斯蘭教取代。是以訪談並不限於當今的語言、宗教及民族抗爭，還包括文學文化所使用的不同語言之間更為長久的競爭。古維吾爾書寫體系在唐代既已出現，其後在不同時期、不同地域分別為波斯—阿拉伯書寫體系、西里爾及羅馬字母、漢字音譯所取代。新疆在文字使用的多樣化上可與越南媲美，二者皆為不同文化頻繁接觸且反覆被異族佔領的地區。因此當卡哈爾・巴拉提不無幽默地指出，現在很

---

15　見 Claude Hagège, *Halte à la mort des langues* (Paris: Odile Jacob, 2000)；Nicholas Evans, *Dying Words: Endangered Languages and What They Have to Tell Us* (Chichester: Wiley-Blackwell, 2010)；及 Neus Isern and Joaquim Fort, "Language Extinction and Linguistic Fronts," *Journal of the Royal Society Interface* 11 (2014), http://doi.org/10.1098/rsif.2014.0028。

16　有關新疆公民及文化權利現狀的討論及記錄，見維吾爾人權項目網頁：https://uhrp.org，2019 年 12 月 15 日查看。

多「少數民族」「已經有名無實」，淪為身分證上的一個標記時，他腦海中浮現的大概是「五十六個民族」政策下保存突厥—維吾爾文化的艱難。

將焦點集中在漢字而不是官話或普通話，即提高對本書研究而言非常重要的準確度。眾多操持不同語言的群體通過各異的本地語言混融形式，而不是通過官話被漢族吸收，例如白族、彝族及壯族接觸到的是南方語言或福建沿海地區原住民語言。越國在戰國時期為楚國所滅，楚地的語言雖然異於中原語言，留傳下來的卻只有漢字記錄。強勢書寫體系能夠抹滅其他體系，失去語言的族群往往也失去自己的歷史，「沒有歷史的人」原本指原住民，但有時也可被借用指自身歷史被消除或替代的群體。[17]哈金（Ian Hacking）經常強調標籤與分類的能動力，主張發現現實者即是創造現實者。他尤其注重人類在自己的表現與現實之間形成的回饋環（表現與現實之間只存在暫時、權宜的區分）。當標示行為模式或身分的新標籤出現後，人們會為其吸引並付諸實踐，例如你一旦察覺自己有分裂人格，或具共情能力，或是天蠍座，就可能開始作這些類型的人所應該作的事。標籤賦予人們無法通過認知獲得的行為模式。[18]就如「皇帝臣民」、「和尚」、「儒士」等身分標籤的建立與傳播，導致符合這些標籤的人的構造。但對弱勢邊緣族群而言，「構造」意味著

---

17　參考 Eric R. Wolf, *Europe and the People without History* (Berkeley: University of California Press, 1983)，中譯見賈士衡譯：《歐洲與沒有歷史的人》（臺北：麥田出版，2013 年）。

18　Ian Hacking, *Historical Ontology* (Cambridge, MA: Harvard University Press, 2002), 99-102；及 “The Looping Effects of Human Kinds,” in *Causal Cognition: A Multidisciplinary Debate*, eds. Dan Sperber, David Premack, and Ann James Premack (Oxford: Clarendon Press, 1995): 351-394。

「失去」，即導致原有族群的解體。

文字是否能夠「構造人種」？章炳麟（號太炎，1869-1936）在一篇呼籲推翻清朝，驅逐滿人的論戰文章中，明顯將文字化為身分認同的形式：

> 則滿日皆為黃種。而日為同族。滿非同族。載在歷史。粲然可知。……則日本先有漢字。而後制作和文。今雖襍用。漢字有居大半。至滿洲則自有清書。形體絕異。[19]

15 世紀朝鮮王朝的一位官員同樣認為文字等同於身分，對今天在韓朝普遍使用的諺文（韓字）之推行持反對態度：「自古九州之內，風土雖異，未有因方言而別為文字者，雖蒙古、西夏、女真、日本、西蕃之類，各有其字，是皆夷狄事耳，無足道者。」[20]

文字絕不僅僅是紙上的印記。我們的書寫（至少在無法面對面交談的情況下）決定了我們能夠與誰交流，交流網絡又決定了我們的身分。用漢字為雙語對象書寫可能最終導向完全用漢字書寫，作者的書寫風格為能夠讀寫漢字的受眾所形塑。互為因果的交互演化

---

19 章炳麟：〈正仇滿論〉，《國民報・來文》第 4 期（1901 年 6 月 26 日），43 面。Lionel Jensen, *Manufacturing Confucianism: Chinese Traditions and Universal Civilization* (Durham, NC: Duke University Press, 1998), 155-158, 160-181 討論章炳麟如何應用詞源學，確立知識階層的歷史淵源。

20 崔萬里：〈上疏反對世宗推行諺文〉，收錄於 Lee Sang-Beck, *The Origin of the Korean Alphabet Hangul* (Seoul: Tong-Mun Kwan, 1957), 30。當今南韓漢字的使用範圍極大縮減（高中教育僅要求學習 1,800 漢字），但漢字在古典文獻、韓朝文學、思想、佛教、藥典，更重要的是人名領域繼續發揮作用。（我注意到這些領域的共同特徵為看重傳統的保存及對細微差別的區分。）

過程，將語言符號體系與個人身分相互連結。[21]

葛兆光與卡哈爾・巴拉提各自講述的故事內容類似，但視角迥異，而這也恰是本章標題中「不對稱性」的用意所在。故事是華人文化從中央向邊緣的擴展，大多數人從中央視角講述，極少有從邊緣講述者，前者在傳統上使用「漢化」之名。我的華人朋友偶爾稱讚我的「漢化」，我對此引以為榮，當然也意識到讚譽往往難免誇大。

葛兆光「從中央逐漸擴張到周邊」的說法或許在暗示一個勢在必行卻又難以察覺的線性發展過程，但對於推動此過程的人而言擴張並非水到渠成，而是要求通過昂揚鬥志、不懈努力才能成就的文化使命。歷史上華人建立的正統王朝多次喪失領地，即使在王朝控制下的領地也曾出現不受中央政權管治的情形。當此之時，中央文化的倡導者就會發起復興文化的運動。[22]諸如此類捲土重來，以中華文化重新征服喪失領地的思潮在中國歷史上頻繁出現。朱元璋北伐推翻元朝在中原的統治，建立明政權後不久，丘濬（1421-1495）即敏銳地意識到恢復漢文化影響的重要性。他的《大學衍義補》是為明統治者訂立的政治綱領，〈崇教化〉一章敘述眾多儒家行政官

---

21 William Durham, *Coevolution* (Stanford, CA: Stanford University Press, 1990) 一書探討此超越自然／文化區隔的過程。婚姻體系、家族血統及居住模式歷經幾個世代後無疑能夠影響個體的身體結構；群體認同除非通過意識形態的合理化，否則不會只受自然或文化單方面影響。因此我對將中國性看作一種文化歸屬形式而非族裔傳衍的判斷持懷疑態度。中國性或者兩者兼備或者與兩者皆不相關。

22 Shao-yun Yang, *The Way of the Barbarians: Redrawing Ethnic Boundaries in Tang and Song China*, 15, 21 認為「古文運動」及「道學」思想的興起是復興文化的兩種形式，前者是「族裔化的正統觀」，後者是「我族中心化的道德主義」。

員不辭勞苦，反覆教化民眾的事蹟。其中不乏教化蠻夷的典範故事：

> 文翁為蜀郡守，仁愛好教化，見蜀地僻陋有蠻夷風，文翁欲誘進之，乃選郡縣小吏開敏有才者親自飭厲，遣詣京師受業博士，數歲皆成就還歸，文翁以為右職。……繇是大化，蜀郡學者比齊、魯焉。[23]

這段話可謂教化使命宣言。[24]丘濬稱，在異族已統治幾百年的地區，需要大力施行肅清措施：

> 漢之時異端之教猶未甚熾，今去其時千年矣，世變愈下而佛、道二教大為斯民之蠹惑，非明古禮以正人心、息邪說，則民財愈匱而民性愈蕩矣。[25]
>
> 後魏封回為安州刺史，山民頋樸，父子賓旅同寢一室，回下車勸令別處，其俗遂改。
>
> 臣按：今所謂中州之域漸染漸染金、元之風，猶有同炕之

---

23 明・丘濬：《大學衍義補》，收錄於《景印文淵閣四庫全書・子部・儒家類》（臺北：臺灣商務印書館，1986 年），第 713 冊，卷 82，「廣教化以變俗」，頁 9a。（丘氏在此節略元・馬端臨：《文獻通考・學校考七》（北京：中華書局，2011 年），卷 46 內容。）

24 Andrew Phillips 注意到：「政治團體如果具有敏銳眼光，就能夠激發並合理化持續不斷的征服，且能夠在逐漸形成的帝國組織中凝聚地方支持者並穩定擴展中的帝國周邊之國際秩序。」（“Civilising Missions and the Rise of International Hierarchies in Early Modern Asia,” 705）值得玩味的是，最近有關「文明使命」的亞際主題研究僅聚焦於清代。其他相關論述包括 Edward Vickers, “A Civilising Mission with Chinese Characteristics? Education, Colonialism and Chinese State Formation in Comparative Perspective”。

25《大學衍義補》，卷 82，頁 10b。

俗。其為治化之累大矣，請痛禁之。[26]

丘濬的教化方案要求中央積極引導邊遠地區，使其重歸業已遺忘的文明。

臣按：天下之風俗未必皆美也，人君之教化未必皆及也，蓋輿圖之廣，廣谷大川異製，民生其間異俗。人君一人不能一一躬曆之，而其所為條教又未必皆能一一如其俗，是以有賴於承流宣化之吏，隨其地因其俗以倡率教導之，若文翁之治蜀者是已。[27]

無論如何都要克服地區與習俗的差異，如果有必要可先承認這些差異。只要「宣化之吏」見多識廣、思想正確且人數充足，就能將帝國的禮儀秩序及道德規範傳播到居住在新近征服領土上的「新的以漢語為母語者」。

丘濬舉出的「文明使命」成功例子經過精挑細選，其中最糟的情形也不過是一些地區暫時脫離文明，但終究能夠重歸文明。他的歷史模式基於儒家文化帝國思想，主張持續不斷的文化融合。當然丘濬也意識到教化使命可能遭受挫敗，元朝取代宋朝的歷史發展即是實例。他在歷史及治國方略著作中提出的建議，主要目的即是要防止類似情況再度發生。

中國歷史的多元文化特質書寫往往遵循 Hayden White 所謂的

---

26　同上註，頁 15b-16a。「後魏封回為安州刺史，山民願樸，父子賓旅同寢一室，回下車勸令別處，其俗遂改」出自《魏書・封回》：「尋除鎮遠將軍、安州刺史。山民愿朴，父子賓旅，同寢一室。回下車，勒令別處，其俗遂改。」（卷 32，頁 761）

27　同上註，頁 9a-b。

大團圓結構模式：故事開頭存在的差異與衝突，到結尾必定得到圓滿解決，大家和睦相處，皆大歡喜。[28] 此類故事中往往是由丘濬所代表的儒家士大夫傳統統合其他分散的傳統。例如，李澤厚《華夏美學》稱：「無論在現實生活中，還是在思想情感中，儒家孔孟始終是歷代眾多的知識分子的主體或主幹。」「中國哲學、美學、文藝，基本上都是由經過儒家教育的士大夫知識分子所承擔。」李氏認為在中國的知識發展史上，道家思想與佛教思想無可避免地被儒家主流思想「吸收和同化」。[29] 邊遠部落的圖騰歌舞、巫術禮儀在中國文化的形成過程中也起到重要作用：「來源於追求『羊大則美』與『羊人為美』、感性與理性、自然與社會相交融統一的遠古傳統。它〔終於構成〕後世儒家美學的一個根本主題。這個主題是經過原始圖騰巫術活動演進為『禮』、『樂』之後，才在理論上被突出和明確的。」[30] 遠古遺俗在中國南方文化延續更為長久，南方文化因此「有其獨特的輝煌色彩」，「想像總是那樣的豐富多彩、浪漫不羈，官能感觸是那樣的強烈顯明、繽紛五色；而情感又是那樣的熾烈頑強、高昂執著」。「它們把遠古童年期所具有的天真、忠實、熱烈而稚氣的種種精神，極好地保存和伸延下來了；正如北方的儒家以制度和觀念的形式將『禮樂傳統』保存下來一樣。」[31] 雖然，在這類敘述中，弱勢、異類或邊緣傳統終究無法長久抵禦主流文化，難以逃脫被「吸收」的命運。當然，生活在楚地或越地的人們並

---

28 Hayden White, *Metahistory: The Historical Imagination in Nineteenth-Century Europe* (Baltimore, MD: Johns Hopkins University Press, 1973), 9-10, 54, 79, 190.

29 李澤厚：《華夏美學》（臺北：三民書局，1996 年），頁 99、125、227。

30 同上註，頁 15，〔 〕內為作者所加。

31 同上註，頁 129。

未意識到他們的文化注定要成為調和北方嚴格道德傳統的力量；南北的文化融合是後設性的目的論建構，卻也成為經久不衰的文化規則。羅玉明（Luo Yuming）在其集成型著作《中國文學簡史》（*A Concise History of Chinese Literature*）中即稱：「中國文明由多種源頭文化彼此逐漸融合而成……但是，黃河流域文化顯然佔據主導地位。」北方「嚴酷的生活條件」驅使黃河文化體系「分散的人民聚集而形成更為強大的團體」；因此「那裡的國族意識形態較其他地區更早成熟。」另一方面——羅氏如此決定論式的論說自然而然要求討論另一方面——「長江領域氣候炎熱且潮濕……在此謀生相對比較容易。因此雖然存在強大團體的需要……卻遠不及北方那樣迫切。是以長江流域……通過制約個體而維持社會秩序並增強團體力量的思想意識發展程度就不如北方。」北方文化的「音樂、舞蹈及歌唱被視為調節社會團體，達到道德目的的途徑……楚地藝術的主要功能則在於滿足審美愉悅，楚人通過這種方式完整呈現動態的人類情感。」[32] 中國文化是調和南北的結果，但北方密切關注調和的發展趨勢並堅持保存北方的社會意識。在此過程中中央共和國的北方文化擴展，自南方文化取其所需並對其加以「吸收」、同化，雖然在某些面向受到南方文化的影響，但本質始終不變。中央共和國的文化不可能為其他文化吸收。

此類敘述實際上是從現在已知的結果解釋過去，從而使現在看起來既合理且無可避免，是過去發展的必然結果。過去曾經相互爭奪領土的地區，現在成為和諧統一的多元國家文化之必要組成部分。Alexander Beecroft 發現古希臘與古代中國在高雅文化的文

---

32　Luo Yuming, *A Concise History of Chinese Literature*, vol. 1, 2, 4-5, 33.

獻傳統，亦即《荷馬史詩》與《詩經》間構成平行關係：始於地方民眾並以地方形式表現的文學典範經過漸次重新設定、擴展後，包容更為廣大的地理區域、更重要的歷史人物、更多地方語言，最終上升到泛文化維度，易言之，古希臘及古代中國分別從希臘語言及漢語語言世界汲取資源，並因此熟悉這些世界中的最新狀況。[33] 我懷疑羅玉明選集式的集成著作更大的目標是引導我們從「國家的視角」觀看：將地方特有的文化置於泛文化之中，片面地視本土文化為全球文化的前身，完全不考慮相反方向或某種混合形式存在的可能。

國族文學傳統被精心構造成為目的論表現形式，建立在擴張與和諧的敘述基礎上。由此反思我們關心的主題，國族文學與文化歷史，可知它們也是通過相同的方式建構，採用的視角如果用宇宙學的術語來講，即是所謂「人擇原理」：我們既然是某種過程造就的產品，可否接受現有狀況自有其道理的說法，還是應當探索其他可能？[34] 假設我們是 N 國的國民，回顧 N 國的歷史與文學成就，從中能夠辨識出我們的身影並想像其中的主人公也能認出我們。然而為了能夠獲得皆大歡喜的結局，一部分 N 國的地方文化必然難以逃脫悲劇性的滅亡。以上討論的操持越國語言的族群，或者未被歷史承

---

33 Alexander Beecroft, *Authorship and Cultural Identity in Early Greece and China: Patterns of Literary Circulation* (Cambridge: Cambridge University Press, 2010)；及 *An Ecology of World Literature: From Antiquity to the Present Day*.

34 參考 John D. Barrow and Frank J. Tipler, *The Anthropic Cosmological Principle* (Oxford: Oxford University Press, 1988)；亦見 Hugh R. Clark, "What's the Matter with 'China'? A Critique of Teleological History," *Journal of Asian Studies* 77 (2018): 295-314；及 Andrew Chittick, "Thinking Regionally in Early Medieval Studies: A Manifesto," *Early Medieval China* 26 (2020): 3-18。

認的宗教思想之追隨者，或業已消失的語言、文字之使用者，他們往往湮沒無聞，不被後人所知。這些已經消失的聲音是否能夠被重新發現？

重新發現的可能性很小。雖然，主流文化傳統的發展過程中，卻會出現文化命脈難以維續的悲慨。杜甫反映安史之亂及 763 年吐蕃入據長安的詩篇即可作為例證：杜甫通過詩歌記述他在戰亂不斷、唐王朝搖搖欲墜的惡劣環境中，為維持生計、養家糊口而苦苦掙扎的經歷，給讀者留下深刻印象。如〈有感五首〉云：

幽薊餘蛇豕，乾坤尚虎狼。
諸侯春不貢，使者日相望。
慎勿吞青海，無勞問越裳。
大君先息戰，歸馬華山陽。[35]

杜甫這首詩及其他詩篇中，用「蛇豕」、「虎狼」、「豺狼」、「毒蛇」、「猛虎」、「犬戎」等貶稱指涉佔據中原各地的吐蕃、康居與回紇軍隊。[36] 本文無意譴責杜甫用詞不當，但我們對杜甫的同情的確建立在中華文化為禽獸凌虐的共識上。人類最優秀的傳統皆在某種程度上將敵人妖魔化。「諸侯春不貢」言藩鎮將領擁兵自重，不受中央控制，或許因為藩鎮通往長安的通路被阻，或許他們在等待新的王朝稱霸（若果真如此，向新王朝君主稱臣）。衙門中的使者、官員大眼瞪小眼，無所事事。杜甫對唐朝君主「慎勿吞青海」的勸

---

35　唐・杜甫：〈有感五首〉（其二），收錄於清・仇兆鰲：《杜詩詳注》（5 冊）（北京：中華書局，1979 年），第 2 冊，卷 11，頁 971。

36　詳見《杜詩詳注》，第 3 冊，頁 1044、1050、1161，此處所列僅是杜詩中貶稱的一部分而已。

戒看似荒謬，當時（廣德元年）長安失守，唐代宗正在出逃途中，牢牢控制青海的吐谷渾族正是入據長安的吐蕃之盟國（吐谷渾即是第二章中與弟弟慕容廆「因馬而別」的長兄所建立的部族[37]），實際上是在慎重、委婉地提醒唐代宗「武力擴張」不再可行。遠在南方的越裳或越南在周朝時曾派使者謁見周公，到杜甫寫這首詩詩卻已「無勞問」。杜甫希望唐代宗能夠效法周武王，在伐紂成功建立周朝後「乃偃武修文，歸馬於華山之陽，放牛于桃林之野，示天下弗服。」[38]將唐代宗與周武王相提並論，無疑是刻意抬高前者的地位，當時唐代宗正因長安失守而被迫逃亡，在重新啟用身居閒職的老將郭子儀之前，除了求和似乎別無選擇，「歸馬華山陽」之說因此頗為荒謬。吐蕃入據長安後，立嫁給吐蕃王為妻的金城公主（見第三章）兄弟李承宏為傀儡皇帝，通過他間接統治中華。杜甫在這首詩中提出的建議完全不可能在當時付諸實踐，當然也難以傳達給想像中的讀者唐代宗，用「大君」這樣間接、恭敬的譽美之辭是以不近情理，反而在無意間清點並系統性否定了中華帝國的教化使命。唐朝正統君主在吐蕃入據長安時，並沒有派遣軍隊防衛邊疆，接納附屬國朝貢，指揮官員執行政令或宣戰甚至和談的政治軍事能力。杜詩實際上描述了大唐王朝在經歷一百多年的繁榮昌盛後遭受的重大挫敗。

唐詩選集中收錄的大量詩篇及史書皆將唐朝的衰敗歸罪於安史之亂。但使唐朝由盛轉衰的罪魁禍首究竟是誰？唐玄宗、安祿山、

---

37 見第二章，注 36。

38 漢・孔安國傳，唐・孔穎達正義：《尚書正義・武成》，收錄於《重栞宋本十三經注疏附校勘記》，第 1 冊，卷 11，頁 160-1。

楊國忠、楊貴妃、郭子儀，還是其他人？是因為政令施行失策，還是用人不當，抑或是委任藩鎮將領駐守邊疆，過於輕率地處理與異邦的外交政策？《資治通鑑》等記錄、分析唐代歷史的著作就此眾說紛紜、相互矛盾，但大多將安史之亂、吐蕃入據長安等定性為違反常規的歷史事件，必須通過徹底的內省、肅清及具有前瞻性的改革防患於未然。吐蕃一方的歷史記載中，有關佔據中華的相關敘述則更為簡單：

> 朔自往昔，漢藏交往之情，歷代贊普舅甥親睦之時，則互通聘問，失和之時，則動兵戎，如此之史實甚多。……贊普赤德祖丹・麥阿蔥與唐主中宗同時，唐主之女金城公主出嫁吐蕃。公主嫁奩，有錦繒數萬，及雜伎諸工，凡至王前所需之具，皆攜之同來。……原絳峨和噶地三十年間皆屬吐蕃制下，王子赤松德贊時，甥舅不和，亦曾多次用兵。向・甲剎拉郎及大將拉桑魯白等率蕃兵約二十萬陷洮州州縣、鑾子等地。其後甥舅仍歸和好，遣使通聘……安達熱巴堅時，初甥舅未行和議，吐蕃率兵萬餘劫掠唐地諸城邑。其後唐室僧侶及吐蕃諸受供高僧者出，調停求和，並主盟事。從此修好，甥舅互通聘禮，立盟以後，不再相仇。[39]

交流渠道是維繫道德群體的基礎，一般而言在與一個群體往來時應當入鄉隨俗，採用該群體的規則。在以上由西藏人並為西藏人所

---

39　明・索南堅贊：《吐蕃王朝世系明鑒正法源流史》，中譯見劉立千譯注：《西藏王統記》（拉薩：西藏人民出版社，1987 年），頁 139-140。

作的敘述中，群體交往的規則具有交易性質：群體之間有時交換禮物，有時則不相往來甚至彼此敵對，相互關係因為禮物的有無而融洽或產生隔閡，敵意上升到一定程度，雙方就會發動戰爭，戰爭進行到一定階段，一方或雙方即通過禮物尋求和平。吐蕃入據長安的前因後果就是由這一系列事件造成的，絲毫不關天意。《吐蕃大事紀年》的記載更為簡略，且沒有花費任何筆墨搜尋國際關係模式，僅記述吐蕃將領帶領軍隊入主唐朝首都，大肆劫掠，中華君主逃離首都，吐蕃另立另中華君主，之後軍隊回到吐蕃。[40] 唐朝在歷史上遭受的重大挫敗被輕描淡寫，「與三盃酒齊觀」。[41]

西藏編年史家與杜甫解析的是同一段歷史，卻基於絕然不同的行動、責任、作用及因果理念。如果脫離中華思想體系，從外部觀看，中華教化使命推行的效果是一系列不可靠的贈禮與進攻，時而需要招募軍隊以恢復禮物的來往或劫掠對方都城。這類敘述與以上來自「中央」的「和諧」之說絲毫不符。兩種敘述在一個事件及由其衍生的意義上不對稱地碰撞。

在被迫面對外界時，自我理解世界的方式很可能不起作用。千百年來背井離鄉的流放者於無意之間成為中央的使者，在試圖掌

---

40 Brandon Dotson, “The Old Tibetan Annals (Version II),” in *The Old Tibetan Annals: An Annotated Translation of Tibet’s First History*, trans. Brandon Dotson (Vienna: Österreichische Akademie der Wissenschaften, 2009), 132.

41 我此處徵引明・李贄化用宋・邵庸「唐虞揖讓三杯酒」而提出的「故達人宏識，一見虞廷揖讓，便與三杯酒齊觀，巍巍堯、舜事業，便與太虛空浮雲並壽」之說，見明・李贄：〈答耿中丞論淡〉，《焚書》（北京：中華書局，1975年），卷1，「書答」，頁24。「唐虞揖讓三杯酒」為邵庸〈首尾吟一百三十五首〉「其一百一十五」中的詩句，見《伊川擊壤集》收錄於《邵庸全集》（上海：上海古籍出版社，2015年），卷20，頁423。

控不知所措的情緒之餘也擔負起記錄的責任。當他們佇立在世界「邊緣」，對「所有歷史……都朝向一個偉大目標」[42]的口號完全喪失信心時，又如何理解周圍的一切呢？

---

42　James Joyce, *Ulysses* (New York: Vintage, 1986), 28.

# 第五章
# 「咨爾漢黎，均是一民」：在世界邊緣上

〈大學〉云：「唯仁人放流之，迸諸四夷，不與同中國。」[1] 中國雅文化階層的知識分子接觸周邊族群文化的一種途徑是流放。朝廷利用任命官員的權力，派遣興風作浪的官員或爭權奪勢的黨派領袖到邊疆，一則鞏固對邊疆的管制，再則任憑失勢官員在疾病盛行的熱帶叢林自生自滅，一舉兩得。據傳唐代官員韋執誼因為畏懼流放，「每至嶺南州圖，必速令將去，未嘗省之。及為相，北壁有圖。經數日，試往閱焉，乃崖州圖矣。意甚惡之。至是，果貶崖州。二年死於海上。」[2] 英文詞彙中的 “exile” 及 “banishment” 與這種處置官員形式的意義最接近，但仍然不完全對應，因為被放逐的官員並不跨越國界，而是在帝國疆域之內為君主開發、教化最為蠻

---

1 《禮記正義・大學》，卷 60，頁 988-1。

2 原出自《感定錄》，收錄於宋・李昉編纂：《太平廣記》（10 冊）（北京：中華書局，1961 年），第 3 冊，頁 1100。李興盛：《中國流人史》（哈爾濱：黑龍江人民出版社，2013 年）；Richard E. Strassberg, *Inscribed Landscapes: Travel Writing from Imperial China* (Berkeley: University of California Press, 1994)；Joanna Waley-Cohen, *Exile in Mid-Qing China: Banishment to Xinjiang, 1758-1820* (New Haven, CT: Yale University Press, 1991)；Carolyn Cartier, *Globalizing South China* (Chichester, UK: Wiley, 2011)；Ping Wang and Nicholas Morrow Williams, eds., *Southern Identity and Southern Estrangement in Medieval Chinese Poetry* (Hong Kong: Hong Kong University Press, 2015) 探討中華帝國的放逐與旅行。

荒的邊遠地區。言語不通是「南方蠻荒之地的長久傳統」中頻繁出現的主題。[3] 韓愈因上疏獲罪，被貶至嶺南陽山後，描述此「天下之窮處」曰：

> 縣郭無居民，官無丞尉，夾江荒茅篁竹之間，小吏十餘家，皆鳥言夷面。始至，言語不通，畫地為字，然後可告以出租賦，奉期約。是以賓客遊從之士，無所為而至。[4]

與「鳥言夷面」的當地人交流，困難程度恐怕不亞於與生息在「蠻夷楚越」的鱷魚對話。[5] 柳宗元在永貞革新（又稱二王八司馬事件）失敗後長期被流放，最後貶至廣西柳州，終老於此。到任後賦詩描寫柳州峒族人云：

> 郡城南下接通津，異服殊音不可親。
>
> ……
>
> 愁向公庭問重譯，欲投章甫作文身。[6]

尾聯對句以《莊子・逍遙遊》中賣儒家禮冠（「章甫」）給「斷髮文身」的越人典故為喻，表現教化南人的徒勞無功。他哀嘆：「余囚楚越之交極兮，邈離絕乎中原。」[7] 文中描述「海賈」商船駛向「黑

---

3 Edward Schafer, *The Vermilion Bird: T'ang Images of the South*, 135.

4 韓愈：〈送區冊序〉，《韓昌黎文集校注》，頁 155-156。

5 參考韓愈：〈祭鱷魚文〉，《韓昌黎文集校注》，頁 329-331。

6 唐・柳宗元：〈柳州峒氓〉，見王國安箋釋：《柳宗元詩箋釋》（上海：上海古籍出版社，1993 年），頁 330。尾聯對句典出《莊子・逍遙遊》：「宋人資章甫而適諸越，越人斷髮文身，無所用之。」見清・郭慶藩：《莊子集釋》（3 冊）（北京：中華書局，1962 年），第 1 冊，頁 31。

7 唐・柳宗元：〈閔生賦〉，《柳宗元集》（北京：中華書局，1979 年），頁 59。

齒棧鬐鱗文肌」人所在之地，隨時有被各種牙尖爪利的海怪吞噬危險，暗示自己的處境並不比「海賈」好到哪裡去。[8] 後人普遍認為柳宗元流放南方的經歷（805-814 年至永州，今湖南境內；815-819 年至柳州，今廣西境內）為他提供了新的文學創作源泉，但從這一時期的作品來看，他在永州與柳州的生活非常艱苦，似乎不是激發文學創作的理想環境。柳氏名篇〈永州八記〉描述在邊遠的永州任職期間所見當地山水，其中幾乎看不到人跡。[9]〈捕蛇者說〉凸顯沉重賦稅導致的普遍社會問題，唯有蛇與永州相關。[10]〈永某氏之鼠〉是一篇寓言小品。[11] 柳氏自流放地所寫的書信關涉在京城的友人、當時的政策辯論，偶爾流露孤獨憂傷的情感——但完全看不到任何有關當地民眾及習俗的記錄。[12] 記錄柳宗元十四年流放足跡的僅有山水書寫，但卻是不見人跡，僅見岩石、池塘、樹木的山水。

這種書寫方式表現了唐代流放者的普遍心態。韓愈與柳宗元無法與當地人溝通，也沒有結識當地人的興趣，僅視他們為治下的民眾。他們身居南方，遠離京師，主要的社交活動卻是與在京師友人的書信來往。柳宗元流放期間的書信及散文中多見湖南南部的毒蟲、毒蛇，對「斷髮文身」的當地人則極少提及。[13]

宋代最著名的文人之一蘇軾兩次被流放，第一次因「烏台詩

---

8 柳宗元：〈招海賈文〉，《柳宗元集》，頁 508。

9 柳宗元：《柳宗元集》，頁 734-759。

10 柳宗元：《柳宗元集》，頁 455-456。

11 柳宗元：《柳宗元集》，頁 535-536。

12 Anna M. Shields, “The Inscription of Emotion in Mid-Tang Collegial Letters,” in *A History of Chinese Letters and Epistolary Culture*, ed. Antje Richter (Leiden: Brill, 2015) 中討論柳氏及其他中唐貶謫官員的書信。

13 例如柳宗元：〈與李翰林建書〉，《柳宗元集》，頁 800-803。

案」遭貶黃州（1079-1083）。元祐年間高太皇太后垂簾聽政，召蘇軾回開封輔政。元祐八年（1093）高太皇太后過世，宋哲宗親政，紹述繼承其父神宗時實行的新法，貶逐元祐舊黨，蘇軾受到牽連，第二次被流放。自 1093 年起他被一貶再貶，1097 年流放至瓊州（今海南島），當時的瓊州景象與今天的度假勝地海南島完全不同，瘴癘、瘧疾盛行，環境惡劣。蘇軾在瓊州的遭遇看似韓愈、柳宗元流放經歷的翻版，但蘇軾畢竟與眾不同，既使以老病之身棲居荒涼的「天涯海角」，他仍有為自己創造新身分的興致，自命「我本海南民」，並宣稱「咨爾漢黎，均是一民。」[14] 在他的作品中，海南人有名有姓，如黎子雲、諸黎。曾任杭州通判的蘇軾，「半醒半醉問諸黎」，令他「半醒半醉」的黎酒作法為「小酒生黎法，乾糟瓦盎中」。[15] 黎人中有些能夠用漢語與蘇軾交談，有些是他的學生，其他則只能講土語且不識字。蘇軾在瓊州有三子蘇過伴隨，尚不至於形單影隻。雖然，蘇軾書寫漫步牧牛草地經歷的詩篇與韓愈、柳宗

14 分別見蘇軾：〈別海南黎民表〉（《蘇軾全集校注・詩集》，卷 43，頁 5119）及〈和陶勸農〉六首其一（《蘇軾全集校注・詩集》，卷 41，頁 4866）。蘇軾流放瓊州的相關研究見 Edward Schafer, *Shore of Pearls: Hainan Island in Early Times* (Berkeley: University of California Press, 1970), 85-101；Kathleen Tomlonovic, "Poetry of Exile and Return: A Study of Su Shi (1037-1101)" (Ph. D. dissertation, University of Washington, 1989)；James Hargett, "Clearing the Apertures and Getting in Tune: The Hainan Exile of Su Shi (1037-1101)," *Journal of Song-Yuan Studies* 30 (2000): 141-167；Ronald Egan, *Word, Image and Deed in the Life of Su Shi* (Cambridge, MA: Harvard East Asia Center, 1994), 207-260；Yang Zhiyi, "Return to an Inner Utopia: Su Shi's Transformation of Tao Qian in his Exile Poetry," *T'oung Pao* 99 (2013): 329-378。

15 分別見〈被酒獨行遍至子雲威徽先覺四黎之舍〉三首其一（《蘇軾全集校注・詩集》，卷 42，頁 5021），及〈用過韻冬至與諸生飲酒〉（《蘇軾全集校注・詩集》，卷 42，頁 5029）。

元的貶謫詩絕然不同：

〈被酒獨行遍至子雲威徽先覺四黎之舍〉三首

其一

半醒半醉問諸黎，竹刺藤梢步步迷。

但尋牛矢覓歸路，家在牛欄西復西。

其二

總角黎家三小童，口吹蔥葉送迎翁。

莫作天涯萬里意，溪邊自有舞雩風。

其三

符老風情老奈何，朱顏減盡鬢絲多。

投梭每困東鄰女，換扇唯逢春夢婆。[16]

「半醒半醉」、迷失方向、尋找一個沒有標記居所的蘇軾顯然不會自命清高。其二「溪邊自有舞雩風」句典出《論語・先進》「子路曾皙冉有公西華侍坐」一章，弟子各自抒發理想抱負，孔子最欣賞曾皙（名點）「浴乎沂，風乎舞雩，詠而歸」的回答，認為優於其他弟子對財富、權力或禮樂的追求。[17]蘇軾以孔聖人一反既往，對簡樸生活的嚮往，暗示自己不願捲入京師的爾虞我詐，企望成為無牽無掛的流浪者。在「其三」中，蘇軾找到一個海南的「另我」：「符老」，據傳他在科場受挫，但仍「風情老奈何」。「東鄰女」無論是指一位女性或是世俗成功的暗喻，對符老挑逗的反應恐怕不會

16《蘇軾全集校注・詩集》，卷 42，頁 5021-5024。

17《論語注疏》，卷 11，頁 100-2。

比「以梭投鯤，折其兩齒」更友善。[18]蘇軾建議符老去尋找「春夢婆」。據《侯鯖錄》記載：「東坡老人在昌化嘗負大瓢，行歌於田間，有老婦年七十，謂坡云：『內翰昔日富貴，一場春夢』，坡然之。里人呼此媼為春夢婆。」[19]與「東鄰女」相比，「春夢婆」更可能會幫助「符老」接受生命中的失敗。

草地上牛群在吃草，兒童拔下野蔥當作喇叭吹，這裡那裡還可見乞丐、官場失勢之人：這是蘇軾對流放地風景人情的描繪，箇中蘊含的幽默多於怨恨。另一首或為偽托蘇軾之名的詩篇呈現類似的自我調侃色彩：

野徑行行遇小童，黎音笑語說坡翁。
東行策杖尋黎老，打狗驚雞似病風。[20]

在更為文雅的語境中，瓊州當地的拾柴人成為中國文學傳統中不斷出現的隱者形象化身，不汲汲於世間名利，飽讀詩書卻又懷才不遇的學士在拾柴人眼中既可笑又可憐：

黎山有幽子，形槁神獨完。
負薪入城市，笑我儒衣冠。
生不聞詩書，豈知有孔顏。
翛然獨往來，榮辱未易關。
日暮鳥獸散，家在孤雲端。

18《太平御覽・人事部九・齒》，卷368。

19 宋・趙令畤撰，孔凡禮點校：《侯鯖錄》（北京：中華書局，2002年），卷7。

20 此首題名〈訪黎子云〉，僅見於范會俊、朱逸輝編：《蘇軾海南詩文選注》（北京：北京師範大學，1990年），頁99，未被收錄於蘇軾詩集中，可能是偽作。蘇軾晚年自號「東坡」。

問答了不同，歎息指屢彈。
似言君貴人，草莽栖龍鸞。
遺我古貝布，海風今歲寒。[21]

蘇軾決意在艱難的處境中盡力設法安頓自我生命，流放的歲月望不到盡頭，但他不願步聲名顯赫的先行者如韓愈、柳宗元之後塵，拒絕自哀自憐，與世隔離。面對流放，蘇軾不像屈原因蒙受冤屈、無處申訴而難以釋懷，也不會如韓愈或柳宗元在木石山水中尋求慰藉，而是效法辭官歸隱，在鄉野田園平靜度日的陶淵明。在大量的和陶詩中，蘇軾融入對當地民眾的禮敬與感激，偶爾也難免誇張。例如：

借我三畝地，結茅為子鄰。
鴃舌倘可學，化為黎母民。[22]

（海南中央山脈黎山被島上居民視為始祖山，因此又名黎母山。）蘇軾果真要「本土化」，成為黎人嗎？大概不會，但他有在當地扎根，放棄文壇聲譽及回歸京師機會的意願（即使僅僅在言辭層面），這在很大程度上已經脫離儒家積極入世的人生價值觀，具有莊子思想色彩。正如楊治宜所說，蘇軾願意「承認邊緣在道德上優於中央」的思想傾向可謂「前所未有」。[23]

蘇軾作〈和陶勸農〉（六首），想像自己參與當地人的生活。

---

21 〈和陶擬古〉九首其九，《蘇軾全集校注・詩集》，卷 41，頁 4989。

22 〈和陶田舍始春懷古〉二首其二，《蘇軾全集校注・詩集》，卷 41，頁 4937。

23 Yang Zhiyi, "Return to an Inner Utopia: Su Shi's Transformation of Tao Qian in his Exile Poetry," 347.

詩序曰：

> 海南多荒田，俗以貿香為業，所產秔稌不足於食，乃以藷芋雜米作粥糜以取飽。余既哀之，乃和淵明〈勸農〉詩，以告其有知者。

「其一」云：

> 咨爾漢黎，均是一民。
> 鄙彝不訓，夫豈其真。
> 怨忿劫質，尋戈相因。
> 欺謾莫訴，曲自我人。

「其二」曰：

> 天禍爾土，不麥不稷。
> 民無用物，怪珍是殖。
> 播厥熏木，腐餘是穡。
> 貪夫汙吏，鷹鷙狼食。[24]

當地農耕方式之「怪」，部分原因是為了順應沉香樹的自然生長狀況。沉香樹受寄生蟲侵襲後為自我保護形成香脂，產出沉香木。海南人收穫的因此不是供自己食用的成熟穀物及水果，而是腐朽的樹幹。沉香木作為價格高昂的商品輸出到外地，原本純樸的當地人也被在國際市場上為牟利而投機取巧的商賈貪婪行徑所影響：

---

24《蘇軾全集校注・詩集》，卷 41，頁 4866-4868。

「其三」曰：

豈無良田，膴膴平陸。
……

「其四」曰：

聽我苦言，其福永久。
利爾耝耜，好爾鄰偶。
斬艾蓬藋，南東其畝。
父兄搢梃，以抶游手。

「其六」曰：

逸諺戲侮，博弈頑鄙。
投之生黎，俾勿冠履。
霜降稻實，千箱一軌。
大作爾社，一醉醇美。

組詩採用《詩經》的四言詩體式，勸誡之辭化用《尚書》典故，透露蘇軾在尚處於原始蒙昧狀態的瓊州重演中國文化創始的企圖，或許這也是其中名句「咨爾漢黎，均是一民」的旨趣所在。這組詩實際上是以韻文形式規劃海南經濟的革新。蘇軾剛到瓊州時，當地的狀況是：大陸的商販雇用黎人收集沉香，用以生產線香及香水等貴重物品。沉香採掘產業最大的獲益者是出口商，但黎人分到的利潤足以使他們放棄農耕，導致農田荒蕪。在與外界接觸之前，瓊州原始農業模式主要是採收粗生易獲的芋頭，當地居民以此勉強維生。沉香對當地人而言原本毫無利用價值，但在被外來者發現後身價倍增，大陸商販只想牟取暴利，並不關心黎人，歷史上反覆出現的礦藏開發（如石油、鑽石）產業的興起對當地原始產業、習俗、民風的破壞在海南上演。原本和睦相處、與世無爭的黎人因為爭奪沉香木的收穫權發生部族衝突。蘇軾將衝突歸罪於「我人」，並敦促漢人與黎人團結一致，抵制奸商及與他們同流合污的地方官員，放棄採收沉香的謀生方式，耕種良田，種植需要大量人力的穀物，從而保障自給自足，附帶消除遊手好閒或為非作歹的不良行為。「逸諺戲侮，博弈頑鄙」者如果不知悔改，就將他們「投之生黎」，遵紀守法的島民則被納入持續發展的社會群體中。蘇軾保證，如此施行經濟發展政策必定會「霜降稻實，千箱一軌。大作爾社，一醉醇美」，將《禮記》中〈月令〉等篇倡導的順應四季、適時耕種，從而保障風調雨順、國泰民安的理想社會模式付諸實踐。農耕經濟能夠支持以父兄為家族領袖的穩定社會秩序之建立，想必也可以保障瓊州的財政稅收。蘇軾以一種經濟發展模式（以父系血緣家族為單位的精耕細作及其所支持的地方消費與實物稅制）代替另一種模式（商業化萃取及出口）。農耕是自神農傳承的中華歷朝歷代傳統經濟模式，這一模式的採用要求黎人改變之前的飲食習慣、曆法，甚至家族組織、宗教信仰。（蘇軾〈書柳子厚牛賦後〉稱，黎人「病不飲藥，但殺牛以禱」、「以巫為醫，以牛為藥」的作法徒勞無益，造成浪費，由此也可見黎人的宗教習俗與生活方式息息相關、密不可分。[25]）蘇軾有關海南的書寫呈現對居住在此的非漢人或沒有完全漢化族群之開放態度，對他們艱難處境的同情，及在發展經濟的幌子下逐漸將他們更完全地納入華人世界的企圖。無論如何，農耕經濟

25〈書柳子厚牛賦後〉，《蘇軾全集校注・文集》，卷 66，頁 7382。

發展模式與主導當時經濟的濫採當地自然資源模式相較，仍然更具積極意義。

蘇軾在當時受到朝廷的排擠、打壓，卻仍然無法遏止代表北宋王權在瓊州推行政治、經濟政策的衝動。今天的蘇軾故居已經成為海南島的文化旅遊景點。無論黎人是否採納蘇軾的建議，海南的漢化的確飛速推進，其長遠效果是為丘濬所受的教育及在官場的傑出成就提供必要條件，以上已討論丘濬如何積極進言，建議明代君主「教化」異族。宋代的蘇軾提倡將經濟模式轉向穀物栽培，使用由此獲得的稅收推行集中性行政管理，以父系家族為單位重新組織居民，教育年輕一代，選拔有才之士——如果沒有這一系列因果關係的實現，就不會有明代的丘濬。蘇軾流放瓊州三百二十餘年後，丘濬出生在這座島嶼上，他主張自上而下「轉化」生活在邊遠地帶，與正統文化疏離或被疏離的族群，使其成為「大道」理想的信奉者。這些主張乍看之下與典型儒士的立場毫無差異，然而丘濬出身海南，完全為漢文化同化並受益於菁英政治規範。丘氏言談中聽不出任何海南口音：他的文士形象完全建立在對中央，對他所「衍義」的《大學》毫無保留的認同上，[26] 可謂名副其實的現身說法，或者說「人類的迴圈效應」的實例。[27]

柯嬌燕（Pamela Kyle Crossley）也觀察到「漢化的普遍性」的自我指涉邏輯，與中華接觸的外來者遲早會被華人同化的想法，在

---

26 丘濬《大學衍義補》正如書名所示，是對儒家經典〈大學〉的鋪陳演繹，附帶注釋。〈大學〉長久以來一直被看作是宣揚儒家價值的文獻。《大學衍義補》以向君主進呈的奏書形式書寫，就〈大學〉原文「采經傳子史，輯成是書，附以己見。」（卷 93）

27 見 Ian Hacking, “The Looping Effects of Human Kinds”。

「概念上的謬誤是循環論證。『漢化』指變成『像漢人』那樣，因此只能就之前被漢化的人而言。這顯然與歷史不符，中國文化的發展一直以來處於持續不斷的變異之中，部分原因是受到原始、邊疆及非正統文化的衝擊及區分效應的影響。」[28]

在此我們所關心的不是人口或文化，而是書面記錄，區分「漢化」與「同化他者」行動的困難性，在考慮使用怎樣的語言來描述或稱呼他者時最為明顯。蘇軾的表現方式是含蓄地將瓊州的黎人納入《尚書》、《禮記》、陶潛詩等典故或隱喻的情境之中。這種作法並不足為奇，借用維根斯坦放之四海而皆準的說法而言，蘇軾所使用語言的侷限就是他的世界的侷限。如果我們嚴格要求尊重當地人的自主權，明確意識到語言的表現效果，並採用懷疑的詮釋觀，蘇軾對瓊州黎人的友善態度就會被貼上殖民主義的標籤。用漢語描述黎人世界的嘗試本身就難以避免同化傾向。生活在「憂鬱的熱帶」的他者，即使被當作他者描述，仍然難以避免被轉化為同類！[29]是否韓愈因「鳥言夷面」難以理解（雖然這並沒有妨礙他收稅）而放棄的態度更直截了當？無論如何，蘇軾誠心誠意想要幫助黎人，因此才建議施行耕種、家族、稅收基礎上的理想經濟模式。

中華的知識傳統與文學語言在征服或同化之外，是否允許其他與外人相處的可能存在？全真教掌教長春真人丘處機的遊記為我們提供了測試案例，他並非被流放，而是應成吉思汗之邀與徒

---

28 Pamela Kyle Crossley, "Thinking about Ethnicity in Early Modern China," 2.

29 在此討論的對蘇軾海南書寫的疑慮，與 Claude Lévi-Strauss, *Tristes Tropiques* (Paris: Plon, 1955), 448 中對跨文化交流所表示的擔憂有相通之處。有關第一次農業革命所產生的影響之論爭，見 James C. Scott, *Against the Grain: A Deep History of the Earliest States* (New Haven, CT: Yale University Press, 2017)。

弟於 1220 年遠赴中亞，同行門徒李志常記錄此行的所見所聞，並以《西遊記》之名出版他的記錄（區別於其後出版，更為著名的同名作）。聲名顯赫的長春真人帶領徒弟沿著蒙古軍隊不久前剛剛征服、開闢的路線，從山東出發到北京，穿越蒙古、撒馬爾罕，於 1222 年抵達興都庫什山脈，終於得以謁見行蹤不定的成吉思汗。[30] 長春道人一行跨越長城之後，李志常觀察到房屋逐漸稀少，平原愈發廣闊：

> 從此以西，漸有山阜，人煙頗眾，亦皆以黑車白帳為家。其俗牧且獵，衣以韋毳，食以肉酪。男子結髮垂兩耳，婦人冠以樺皮……俗無文籍，或約之以言，或刻木為契，遇食同享，難則爭赴，有命則不辭，有言則不易，有上古之遺風焉。以詩敘其實云：
>
> 極目山川無盡頭，風煙不斷水長流。
> 如何造物開天地？到此令人放馬牛。
> 飲血茹毛同上古，峨冠結髮異中州。
> 聖賢不得垂文化，歷代縱橫只自由。[31]

英文譯本以 "freedom" 翻譯「自由」的譯法不盡如人意，"freedom" 負載太多現代尤其是政治色彩的意義。「自由」在這首詩中的意

---

30 Ming Tak Ted Hui, "Journeys to the West: Travelogues and Discursive Power in the Making of the Mongol Empire," *Journal of Chinese Literature and Culture* 7, no. 1 (2020): 60-86 探討長春真人《西遊記》及其他連結中華與蒙古世界的人種誌。有關李志常《西遊記》中提及地點的地理學研究，見陳正祥：《長春真人西遊記的地理學評註》（香港：地理研究中心、香港中文大學，1968 年）。

31 宋・李志常：《長春真人西遊記》（上海：中華書局，1936 年），頁 18-19。

義，可自其在句子中的位置加以判斷，它出現在尾聯對句末尾，與尾聯出句末尾的「文化」對仗，指示約束性結構的缺席。尾聯似乎是在說，在正常狀況下，「文化」越多，「自由」就越少，反之亦然。這一地區的牧人意識到，在惡劣的環境下他們只能自生自滅，同時又要當心，避免捲入持續不斷的衝突。

身兼道士與使者雙重身分的李志常，在簡短的跨越邊界經歷描述中結合觀察與價值判斷。他在位於今天烏蘭巴托附近地區遇到的牧民，符合在當時已經屬於遠古時期的原始初民之固有形象。他們的衣食住行完全依靠畜產品，不耕種土地，這種生存模式自幾千年前神農發明農業生產方式後，在中華歷史上既已消失。長春真人一行從北京出發向西北行進，恐怕有時光倒流之感。牧民不識字，無法進入主要依靠書寫方式，如甲骨、銅器、竹簡、絲綢、紙張等等留存記憶的中國歷史進程之中。然而缺乏讀寫能力並不必然是缺點，牧民們不懂得欺詐，言出必行，且休戚與共，沒有私欲。他們的習俗純樸又原始，是善良又高貴的蠻人。他們生活的大草原，似乎就是鮮卑人在〈敕勒歌〉中歌唱的壯麗草原之投影，無邊無際的長空、高地、水澤，為這些蠻人的高貴提供了恰如其分的堂皇背景。

長春真人給予旅途中遇到的遊牧群體以正面評價，延續始自司馬遷的知識傳統，《史記・匈奴列傳》(卷 110)「有效地開啟北方的民族誌及知識歷史書寫傳統，並為之後的正史樹立典範」，是對遊牧生活方式的「宏大敘事」，對後來的史學及民族政策產生無法估量的巨大影響。[32] 狄宇宙認為司馬遷的北方民族史記載有兩個值

---

32 Nicola Di Cosmo, *Ancient China and Its Enemies: The Rise of Nomadic Power in*

得關注的面向：一是通過親自尋訪曾經在北方居住並與匈奴交往的民眾而獲得的豐富實地記錄；二是對當時的知識潮流所作的推測性及在意識形態層面上的回應。司馬遷在《史記》中不僅記錄歷史事件，還對其加以解釋，在從實地經驗得來的訊息基礎上形成獨創性的蠻夷理論。他的理論建立在一個恆常不變的因素上：變化。牧人必須不斷尋找新的放牧地及水源，因此創造出限制最小，可隨時建造、拆除的體制，與中華帝國永久、穩定的理想體制大異其趣，後者通過法規、稅收、人際關係及義務等負擔掌控華人的一舉一動、一言一行。與司馬遷同時的人懷疑他「親夷」，[33] 他對原始生活方式的肯定實際上源自老子及其他早期道家學說的思想基礎，正如其父司馬談所言：牧人的生活方式實際上最符合道家「與時遷移，應物變化」的理念，[34] 以遷移的方式因應變化。將相距近一千五百年的司馬遷與長春真人的說法相提並論似乎有些牽強，但長春真人的確自稱傳承老子思想，且認為非漢人有值得效法之處。蒙古帝國大汗的厚遇或許也是長春真人以讚許眼光看待大草原習俗的原因之一，至少他在西遊途中並未無視途經地區的遊牧人，或建議他們將牧場改造為麥田。[35]

---

*Chinese History*, 10.

33 Nicola Di Cosmo, *Ancient China and Its Enemies: The Rise of Nomadic Power in Chinese History*, 271.

34 《史記》，卷 130，頁 3289。「與時遷移，應物變化」為司馬遷在《史記》中抄錄其父司馬談〈論六家要旨〉中的說法。

35 長春真人西遊之行是否有效法老子「化胡」之意，這是學界關注的一個主題。許明德指出，長春真人首次到訪成吉思汗行宮後回到燕京，有人獻唐代畫家閻立本〈太上過關圖〉，長春真人題詩曰：「蜀郡西遊日，函關東別時。群胡若稽首，大道復開基。」許氏認為《長春真人西遊記》記錄這一事件的動機「似乎是要引導讀者把老子西出函關與丘處機的旅程串連起來。……李

長春真人穿越烏蘭巴托、撒馬爾罕，謁見成吉思汗，解說治國、養生之道後約五百年，「自由」不復存在。清代初中期康熙至乾隆統治期間多次出兵控制西北之後，採取佔據土地以為己用，遷徙當地居民或將他們吸收入國家體制內的政策治理西北。準噶爾部（蒙古族的一個旁支，首領為成吉思汗族系之外的蒙古貴族）不服清朝統治，與清軍斷斷續續交戰十五年後被殲滅。[36]清朝統治者在之前為準噶爾部控制的地區建立新的軍事堡壘，周圍以兵屯、遣屯、戶屯環繞，並派遣、遷徙兵士、行政人員、內地移民至此駐守、管理、定居，商人也隨之而來，供給以上群體所需物資。一些在朝廷失勢的官員也被流放至此。

其中一位官員即是紀昀，他曾擔任規模宏大的《四庫全書》總纂官，博學多聞且機智詼諧，卻不懂得謹慎處世。在擔任翰林侍讀學士，平步青雲之時，他給捲入兩淮鹽政案的女婿，前兩淮鹽運使孫子盧蔭文通風報信，事情敗露後紀氏獲罪發配新疆烏魯木齊兩年。在此期間，他「親履邊塞，纂綴見聞」。兩年後乾隆下旨釋

---

志常刻意讓人把丘處機比附為老子，目的正是要為丘處機出訪西域定調，說明這次行旅的目的是『化胡』。」此外，全真教印行的其他材料也「很自覺地把丘處機的西遊與老子出關相提並論。」見許明德：〈西遊的文化政治：從兩部遊記看蒙元正統論的生成〉，《嶺南學報》第13輯（2020年），頁105-106。

36 James A. Millward, *Beyond the Pass: Economy, Ethnicity and Empire in Qing Central Asia, 1759-1864* (Stanford, CA: Stanford University Press, 1998), 27-30，中譯見賈建飛譯：《嘉峪關外：1759-1864年新疆的經濟、民族和清帝國》（香港：香港中文大學出版社，2017年）；Peter C. Perdue, *China Marches West: The Qing Conquest of Central Eurasia* (Cambridge, MA: Harvard University Press, 2005), 254-291，中譯見葉品岑、蔡偉傑、林文凱譯：《中國西征：大清征服中央歐亞蒙古帝國的最後輓歌》（新北：衛城出版，2021年）。

還，紀氏於「歸途追憶」160 首七絕而成〈烏魯木齊雜詩〉。[37] 或許正是因為「非當日作」，而是在被召回京師的途中「追憶而成」，錢大昕注意到〈烏魯木齊雜詩〉並無悽苦怨恨之辭，[38] 更似好奇又敏銳的旁觀者對新奇景觀、氣候及當地習俗，尤其是清代遷徙內地居民來新疆定居所帶來變化的記錄。這卷詩因此更像是（借用與時代不符的說法）一本旅途中拍下的當地人生活樣態快照集成的影集。旅人在旅途中注意到的風土人情往往經過心理作用的選擇、過濾，記錄下來的經歷也是為了迎合讀者的興趣。作者與讀者在共享先入為主資訊的語境中共同觀看與回應。〈烏魯木齊雜詩〉中的每一首詩都交織著熟悉與意外兩個維度。

開篇第一首云：

山圍芳草翠烟平，迢遞新城接舊城。

---

37 《閱微草堂筆記》載：「余從軍西域時，草奏草檄，日不暇給，遂不復吟詠。或得一聯一句，亦境過輒忘。〈烏魯木齊雜詩〉百六十首，皆歸途追憶而成，非當日作也。」見清・紀昀：《閱微草堂筆記》（臺北：大中國圖書公司，2002 年），頁 315。狄大衛（David M. Deal）與何羅娜（Laura Hosteler）合譯一冊 82 種描繪清中葉西南民族日常生活的「苗圖」，大致與紀昀〈烏魯木齊雜詩〉同時。見 David M. Deal and Laura Hostetler, trans., *The Art of Ethnography: A Chinese "Miao Album"* (Seattle: University of Washington Press, 2006)。

38 清・錢大昕：《潛研堂文集》，收錄於《四部叢刊》（三編），頁 26.1a。有關這卷詩的研究，亦見 L. J. Newby, "The Chinese Literary Conquest of Xinjiang," *Modern China* 25, no. 4 (1999): 451-474；James A. Millward, *Beyond the Pass: Economy, Ethnicity and Empire in Qing Central Asia, 1759-1864*, 134-135, 283；Joanna Waley-Cohen, *Exile in Mid-Qing China: Banishment to Xinjiang, 1758-1820*, 4-6, 8, 141, 148, 150-156, 159；及王鵬凱：〈曾經西域萬里行——紀昀的新疆書寫〉，《東海大學圖書館館訊》第 157 期（2014 年），頁 43-65。

行到叢祠歌舞樹，綠氍毹上看棋枰。[39]

紀昀在筆記中記載「舊城」離水源太遠，「新城」名為「迪化」，有「啟迪開化」之意，其地理位置更適宜居住。新城北面山頂建關帝祠，由此可俯瞰城牆環繞的大街小巷。這首詩在整卷詩中，借用好萊塢的說法，是「定場鏡頭」。

新疆的季節也不同於中原：

山田龍口引泉澆，泉水惟憑積雪消。

頭白藩王年八十，不知春雨長禾苗。[40]

「良田易得水難求」[41]的狀況，在1756年以降遷徙至此的華人開發農業種植後逐漸改觀，千百年來未曾被開墾的荒地或放牧牛羊的草地，為天山山脈融化的積雪灌溉，生產出的麥子因為產量過大，「麥價至不能償工價」，這在荒年頻繁的當時可謂聞所未聞。新疆地區的不同尋常不止是穀物的價格，紀昀還注意到來此駐守的軍隊或定居的農民皆為男性，造成當地男女性別比例不平衡，原本由女方家族陪嫁妝的習俗經歷天翻地覆式的逆轉，變成男方送彩禮給女方家族。「誰知」在這卷詩中頻繁出現，表現紀昀對「西人」奇異、不可思議習俗的驚愕。紀昀所熟悉的是華人長久以來定居中原所形成的行為規範，新疆的生活方式與此不同，當然會引起他的注意。二者之間的差異也招引來奸商與投機者（紀昀刊刻出版他在新疆時所寫的詩歌，自然也從中獲利）：

---

39 清・紀昀：〈烏魯木齊雜詩〉（《叢書集成》版），頁1。

40 同上註，頁2。

41 同上註，頁26。

「西人嗜飲，每歲酒商東歸，率攜銀二三萬去」。（其35自注）

「西人」亦好水煙：

冉冉春雲出手邊，逢人開篋不論錢。
火神一殿千金直，檀越誰知是水煙。
自注曰：「西人嗜水煙，遊手者多挈煙箱執火筒，逢人與吸不取其 。朔望乃登門斂資。火神廟費計千餘金，乃鬻水煙者所醵，則人眾可知矣！」[42]

西北的狗也吸引了紀昀的注意力：

麗譙未用夜誰何，寒犬霜牙利似磨。
只怪深更齊吠影，不容好夢到南柯。[43]

新疆地區的經濟發展吸引了各行各業的商販，當地吐蕃人在繁華熱鬧的集市中幾乎不被人注意：

吐蕃部落久相親，賣果時時到市闉。
恰似春深梁上燕，自來自去不關人。[44]

（消失在人群中的當地人是旅行文學恆久的書寫主題。）
商販中也混雜前來「茶馬互市」的蒙古人：

---

42 同上註，頁7。

43 同上註，頁10。「南柯」典出〈南柯太守傳〉，講述「吳楚遊俠之士」「東平淳于棼」醉臥古槐樹下，夢見自己在槐安國飛黃騰達，官場、人生皆得意。夢醒後發現原來只是「南柯一夢」。（收錄於《太平廣記》，卷475）

44 同上註，頁12。

敕勒陰山雪乍開，轆汗隊隊過龍堆。

殷勤譯長稽名字，不比尋常估客來。[45]

（蒙古茶馬交易僅限於持有官方許可者，因此「不比尋常」。）

從這些詩篇中可以看出紀昀對邊塞詩傳統的熟悉：例如上篇開頭「敕勒陰山」即出自《樂府詩集》中所錄鮮卑〈敕勒歌〉開頭「敕勒川，陰山下」句，〈敕勒歌〉對邊塞詩傳統的形成影響重大。邊塞詩書寫傳統允許紀昀以寬容而又無拘無束的心態、筆法書寫新疆風光，錢大昕因此評價此卷詩「無郁轖愁苦之音，而有春容渾脫之趣」。在紀昀筆下，邊界被超越，文化隔閡被消除。西北商業貿易的發達，使紀昀與其他流放者能夠享受美酒、蔬食，甚至從中原運來的魚類。烏魯木齊的音樂、戲曲絲毫不遜色於京師。紀昀的新疆之行見證清代統治者在擴張領土的同時，對征服地的轉化。作為文化融滲的記錄者，紀昀特別留意中央的禮樂秩序在邊遠西北的建立：

金碧觚棱映翠嵐，崔嵬紫殿往東南。

時時一曲昇平樂，膜拜聞呼萬歲三。

自注曰：萬壽宮在城東南隅。遇聖節朝賀，張樂坐班，一如內地。其軍民商賈，亦往往在宮前演劇謝恩。邊戰芹曝之憂，例所不禁。庫爾喀喇烏蘇亦同。[46]

中原華人的到來不僅改變了文化，也改變了自然。紀昀寫到：「萬

---

45　同上註。

46　同上註，頁 5。

家煙火暖雲蒸，鎖盡天山太古冰。」[47]自注曰：「向來氣候極寒，數載以來漸同內地人氣盛也。」

最後，地方行政官員宣布開始在烏魯木齊「建置學額」，舉行科舉考試，為此地區的正規化劃上句號：

> 山城是處有弦歌，錦帙牙籤市上多。
> 為報當年鄭漁仲，儒書今過斡難河。
> 自注曰：鄭樵〔音韻學論著〕《七音略》謂：「孔氏之書，不能過斡難河一步。初塞外無鬻書之肆，間有傳奇小說，皆西商雜他貨偶販至，自建置學額以後，遂有專鬻書籍者。[48]

對紀昀而言，與外來文化的接觸遠不如他所熟識文化之到來重要。我尚未就此卷 160 首詩的主題作統計分析，但不難看出他在詩中雖提及當地的風景、天氣、古蹟、節慶、蜜瓜、蘑菇、森林、毒蛇、鐵器、藥物、駱駝、花卉、柑橘、魚類、煙草、馬匹、鴨子、杏仁、煤炭、鬼怪及其他形形色色的事物，卻沒有任何與新疆當地居民交談或詢問他們思想及願望的記錄。紀昀為新疆人日漸被漢人生活方式同化而歡欣鼓舞，不僅如此，至少從他的詩中可以看出在流放期間他一直與其他來自京師的人交往，並沒有改變在京師時的飲食或娛樂習慣。〈烏魯木齊雜詩〉並非一部民族誌，其中並不包含對文化他者的描述，紀氏也沒有花費任何精力理解原住民，而是遷移來新疆之華人殖民者的「我者」民族誌，是對迅速變化、發展中

---

47 同上註，頁 1。

48 同上註，頁 11。〔 〕為作者所加。

的新社會的記錄，新疆在這卷詩中被描述為通過邊境與外界接觸，從而導致某種程度的社會混融的飛地。〈烏魯木齊雜詩〉在當時很受歡迎，部分原因是其將新疆想像為被中華文化滲透的異域，而非異域文化堅決抵制中華文化之處。這卷歡快的詩歌告訴我們文化擴張依然可行，西北亦不例外。這本令人愉快的著作告訴我們流放已不復存在，華人即使遠離京師，也不會再遇到「鳥言夷面」的異族人，讓他為如何在世間自處而困惑。

從結束流放到〈烏魯木齊雜詩〉的書寫期間，紀昀奉旨撰寫〈土爾扈特全部歸順記〉，土爾扈特部是蒙古族的一個旁支，在俄國寄居近一百五十年，因不堪壓迫而企求歸順清朝。[49] 乾隆接納土爾扈特人的歸順，並允許他們在因不服清朝統治而被消滅的準噶爾部之前所在領地定居。在〈土爾扈特全部歸順記〉中，紀昀稱土爾扈特部的歸順印證了孟子「如有不嗜殺人者，則天下之民皆引領而望之矣。誠如是也，民歸之，由水之就下，沛然誰能御之」之說。[50] 在〈御試土爾扈特全部歸順詩〉中，紀昀也極盡鋪排藻飾之能事：

> 醲化超三古，元功被八紘。
> 聖朝能格遠，絕域盡輸誠。
> ……
> 益地圖新啟，鈞天樂正鳴，
> 殽蒸雕俎列，酒醴羽觴盈。

---

49 Michael Khodarkovsky, *Where Two Worlds Met: The Russian State and the Kalmyk Nomads, 1600-1771* (Ithaca, NY: Cornell University Press, 1992), 74-80 中討論土爾扈於 17 世紀早期向伏爾加的推進。

50《孟子・梁惠王上》，卷 1，頁 21-1。

帶礪崇封錫，衣冠異數榮。
試看歌舞樂，真覺畏懷並。
從此皇風暢，彌彰帝道亨。
梯航遍陬澨，寅贐集寰瀛。

紀昀宣稱遠古文獻建構的普世王權理想在當時已被實現：「人跡所至，舟楫所通，莫不為郡縣」。[51] 我們或許可以稱其為中央化普世主義：以建立在儒家思想基礎上的中央帝國文化覆蓋整個世界。此文化當然基於一套規則，同時也涵蓋語言、書寫與意識形態，自中央不斷向邊緣地區擴張，以漢字取代、消滅或壓制所到之地不同的語言，領土與文化的擴張都沒有限制。然而在現實中，文化擴張卻無法克服不同文字體系的限制，紀昀充滿自信的預言並未實現，西北與西南始終沒有被中央的文化完全覆蓋。自此意義來看，以中華文學為世界文學的使命感與中國政治哲學及國族擴張的普世傾向齊頭並進，並在理性層次上合理化後者。

在前幾章中我指出這類世界性文化擴張往往以犧牲其他語言、政治組織及文化為代價。這是否是我們所謂中華文化的自然傾向？抑或擴張本身就在純粹與混融、單語主義與多種語言兼用之間來回擺盪，其決定因素並不在中華文化本身，而是取決於與他者之間權力關係的變動？如上所述，從不同視角觀看相同邊界，會看到不同面向。從中華一側對邊界的思考可能採取單語、單文化、非歷史的方式：「拓拔部有史以來一直就是我國的一個少數民族。」拓拔人

51 《淮南子》，卷 15，頁 499。紀昀的徵引實際上是斷章取義，《淮南子》中這段話的原意是嘲諷秦刻石歌頌始皇功德流傳千秋萬代，秦王朝卻僅經二世即滅亡。

或任何從另一側觀看相同邊界者，可能對過去發生的事、誰曾是誰有不同的記憶，就現在自我群組組成狀況的看法也會不同於華人。

我們這些閱讀、熱愛並教授中華文學者，必須抵制將中華文化看作無限擴張的單一文化之傾向。我們所熟知的對中華文化史多元論的認同方式——將「少數民族」包括在禮儀制度之中，「漢化」議題，「三教」不相互排斥、共同存在的主張——其目的是要消除異議，將話語權保留在華夏一側。但莊周很久以前既已提出：「自其異者視之，肝膽楚越也；自其同者視之，萬物皆一也。」[52]對楚、越及其他中華文化的組成部分之「異」的思考自有其存在價值。幾百年來不斷在運作的中華文化涵化力量不容忽視，但正因為語言、書寫及文化體系間存在無法化約的差異，文化的相互協調、跨文化融合才可能實現。本章中討論的流放者大多或許無法遏止設法消除流放地文化差異的欲望——這對知識文化的倡導者而言，意味著以「同」克服「異」。這也無可厚非，畢竟體驗差異本來就是被流放者所受懲罰的一部分。

52《莊子集釋》，頁 190。

# 結論
# 窅然喪其天下焉

紀昀親身經歷及通過他人間接感受的流放經歷，恰恰證明了他對中央的依戀。他於詩歌中所表現的在新疆沃野上能夠觀看京劇，在市面上看到科舉用書的喜悅，對土爾扈特部歸順清朝的歡欣，實質上都表現了中央憑藉帝國「中心性與普遍性」原則兼併邊緣的不同形式。紀昀依據有生之年的所知所聞（他死於 1805 年），期待清朝的擴張長久持續下去，新疆在此擴張過程中成為不斷變動的前沿。清朝的確到 1880 年前後不斷在中亞佔領、失去、再佔領新的領土。[1] 不過在此期間東南海岸出現新的主權危機，英國與法國憑藉堅船利砲強迫清政府簽訂通商條約，開放港口，並自東南向北推進。在這個時期，「西」不再被用來指示絲綢之路穿越的不毛之地，而是轉向女士穿蓬裙、吃奶酪，機械化戰爭迅速發展的地域。繼紀昀之後被流放到新疆的林則徐，即是因為在擔任欽差大臣期間推行禁菸運動，沒收並銷毀英國商人販賣的鴉片而獲罪。

---

1　見 James A. Millward, *Beyond the Pass: Economy, Ethnicity and Empire in Qing Central Asia, 1759-1864*；Hodong Kim, *Holy War in China: The Muslim Rebellion and State in Chinese Central Asia, 1864-1877* (Stanford, CA: Stanford University Press, 2004)；L. J. Newby, *The Empire and the Khanate: A Political History of Qing Relations with Khoqand, c. 1760-1860* (Leiden: Brill, 2005)。

紀昀與林則徐之間出現一條界線，界線的一邊以中華為中心，迅速擴展領土，對翻譯漠不關心；另一邊中華無力抵禦外國侵略，在國際上淪為邊緣勢力，急切需要通過翻譯富國強民。

紀昀的世界中充斥著文化與語言的差異，但此多元性對他而言毫無價值，多元性只是尚未被同化的代名詞。林則徐世界中的文化與語言差異的意義則發生天翻地覆的變化。多語前現代亞洲的復原意味著兩種世界圖景的拼合：為我們所熟悉的中／西對立，與更為古老的為帝國中心思想主導的中華。[2]

*

比較研究的目的是什麼？我認為應當是尋找反例、邊緣、主流框架之外的旁枝末節，從而使我們能夠看清框架的結構，擺脫「全屏」注意力經濟下世界圖景的思維模式。正因為如此，我們永遠不能滿足於某一種特定的世界圖景。

奎因（W. V. O. Quine）曾簡明扼要地指出：「存有論問題的有趣之處正在於簡單明瞭」，用短短幾個字即可說明：「那裡有什麼？」[3]我認為這一說法在比較研究領域需要稍作調整，改為「那裡還有什麼？」

那裡有什麼？顯然有世界秩序或世界圖景。對身在其中的人而言，這就是世界的全部。那好，可是還有什麼？

「還有」意在把例外、超出成規的現象、不被任何分類涵蓋的領域、現有視野之外尚待開發或隱而不顯的範疇帶入思考範圍。如

2　參考葛兆光：《何為「中國」：疆域、民族、文化與歷史》，頁 145-146。

3　Willard Van Orman Quine, *From a Logical Point of View* (Cambridge, MA: Harvard University Press, 1953), 1.

果我們不知道某事物不是什麼，就無法對其有完整的了解（斯賓諾莎、索緒爾及其他人的名言）。[4]「何為中國？」——很多人提出這個問題。如果可以用一個問題回答另一個問題，我建議探問：「中國，相對於什麼？」易言之，中國由於種種因素所導致的過去與現在當然是「何為中國？」的一部分答案，但另一不可或缺的部分是對中國之外那些因為種種原因沒有被看作華人的族群，如遊牧民族、苗人、彝人、藏人、維吾爾人、蒙古人、日本人、高麗君主等等的記載。這些不同於華人的族群，以及被中華文明排斥、涵括、征服、同化的族群的獨特之處，形成了中華文明的周邊。

華人的自我理解建立在創造並感受文學作品能力上。「教化過程」的傳統說法區分「文」與「武」兩個不同面向，前者指對內的管理及精神培養技藝，後者指對外的軍事策略。處於邊界上的翻譯同時參與這兩個相互關聯的身分認同管理機制。翻譯理所當然牽涉對外族的轄制，帝國在擴張過程中需要翻譯，但在達到擴張目的後

---

4　斯賓諾莎（Benedict de Spinoza）在致 Jarig Jelles 的〈第五十封信〉中稱：「關於這，即形狀是否定，而不是某種肯定的東西，這是很顯然的，物質整體，就其沒有任何限定而言，是不能有形狀的，形狀僅出現在有限的和限定了的物體中。……因此，這種對事物的限定，不是指事物的存在，正相反，它是指事物的不存在。既然形狀無非只是限定，而限定就是否定，所以，正如我們所說的，形狀除了是否定外，不能是別的。」收錄於 *Works of Spinoza*, trans. R. H. M. Elwes (1883; reprint, New York: Dover, 1955), 369-370，中譯見劉漢鼎譯：《斯賓諾莎書信集》（北京：商務印書館，1996 年），頁 206。斯賓諾莎在此討論的對象是幾何形狀，但他的論述也可適用於其他可以確定邊界的事物，如國家和概念。索緒爾（Ferdinand de Saussure）所謂「在語言中僅有差異，沒有肯定的術語」與斯賓諾莎的說法旨趣一致，見 Ferdinand de Saussure, *Course in General Linguistics* (1916), trans. Wade Baskin, eds. Perry Meisel and Haun Saussy (New York: Columbia University Press, 2011), 120。

即將翻譯擱置一旁。翻譯允許帝國以其文化遺產同化被征服者，並視帝國之外的疆域為「蠻夷」。古往今來的眾多文明因此皆編造出各自的蠻夷。[5]

值得玩味的是，在我所建議的比較文學史書寫層次上，對一個文化系統建立文明而言不可或缺的模式，從另一個文化系統來看卻變成無法同化的野蠻行徑。為了對此加以考察，我們必須回到以上第三章討論的「史詩問題」。中華三面毗鄰以口耳相傳方式傳播的英雄史詩文化傳統，內部卻對史詩毫無興趣，英雄史詩的有無因此成為界定蠻夷領土的標誌。[6]相反，遠古希臘人則認為對荷馬英雄史詩的無知恰恰才是野蠻的定義。中華與古希臘文明對何為野蠻的看法完全背道而馳，不容混淆。然而歷史進程中文明與野蠻的關係並非一成不變，微妙的時空差異可能導致二者動態地相互轉換、交錯。在文學上，詩歌所憑藉的一方面是語言成分的功能分析，另一方面是音樂的聽覺模式，因此既標誌又跨越邊界，但詩歌的邊界不必然與國族或語言邊界重疊。不同類型長篇小說的出現也可作為劃分前現代都市文學的標誌（不過「小說的崛起」目的論往往給「小

5 我堅持使用複數來指示眾多文明，因為以抵制某種轄制為目的的人出於不當動機，刻意混淆「文明」（肯定性的說法）與「帝國」（否定性的說法）。自第二次世界大戰以來發展的後殖民理論如果僅僅以譴責歐洲帝國為主旨，就實在狹隘且難免有歐洲中心論之嫌。這樣的教育方式無法幫助我們了解歐洲，更談不上歐洲以外世界的過去與未來。我力圖揭示中國中心主義與歐洲中心主義及其他惡性的主義有相通之處，目的是要糾正這類謬誤。Emma Jinhua Teng, *Taiwan's Imagined Geography: Chinese Colonial Travel Writing and Pictures, 1683-1895* (Cambridge, MA: Harvard University Asia Center, 2004), 249-258 探討西方與中國殖民話語之間交會處的生成。

6 Georges Devereux and Edwin M. Loeb, "Antagonistic Acculturation," *American Sociological Review* 8 (1943): 133-147 探討規避如何成為一種文化標示。

說」、「物語」及類似文體貼上「前身」的標籤，使此標誌模糊不清）。[7] 其他文學語言特徵尚待被發掘。[8] 文學的發展在理解文化上起到的推進作用，足以讓歷史上的「桃樂絲」們在跨越具有歷史意義的界線之後能夠稍作停頓，意識到：「托托，我有種預感，我們已經不在堪薩斯州了」（亦即脫離熟識的領域，到達陌生而充滿驚奇的境地），或者用《穿越法國和意大利的感傷之旅》中的主人公的話來說：「法國更擅於處理這件事情。」[9]

類似於其他普世性文化，中華文化不願從內部界定其侷限，唯有通過與無法理解的語言、看不懂的文字、難以接受的習俗、不守信用的屬國的接觸才能揭示侷限。翻譯與文化調和往往發揮粉飾不和諧的功能。翻譯的失敗——無論是因為缺乏翻譯、不翻譯或不成功的翻譯——突破固有框架，揭示邊界所在。既使是曲盡微約之妙且博大精深的中國文學規範，仍然有侷限；發掘、理解這些侷限是當務之急。本書因此以翻譯為研究對象，考察翻譯如何在不同歷史時期起到協調中華與非中華，且往往將非中華協調入中華之內的作用。雖然，本書的討論並不限於翻譯，還包括對遷徙、征服、政策制定、對言論自由的限制、名稱改換以及特定知識的創造等文化主

---

7　參考 Daniel L. Selden, "Mapping the Alexander Romance," in *The Alexander Romance in Persia and the East*, eds. Richard Stoneman, Kyle Erickson, and Ian Netton (Groningen, Neth.: Barkhuis, 2012), 19-59。

8　Patrick Sériot, *Structure et totalité: Les origines intellectuelles du structuralisme en Europe centrale et orientale* (Paris: Presses Universitaires de France, 1999) 分析從地方語言研究建構的語言學特徵分布模式，如何被早期東歐結構主義者應用於文化形式上（甚至通過推測性的跳躍，應用於政治地理上）。

9　Victor Fleming, dir., *The Wizard of Oz* (1939; Burbank, CA: Warner Home Video, 2009)；及 Laurence Sterne, *A Sentimental Journey through France and Italy* (Oxford: Humphrey Milford, 1928), 1.

權實踐的探討。

在追尋中華文化時空邊界的過程中，我們也認識到其他所謂世界體系的侷限。總體而言，建立在目的論基礎上的排他性群體認同觀念促生、惡化、推動對其他群族文化的無知或單語主義的形成。「世界」概念因此經常被誤解為指示被偏僻或神秘地帶環繞的區域。「世界」內的族群或許會通力合作，建立並維護邊界。無形的屏障（甚至包括傳說中月亮與地球之間的屏障）如果不經辨識，比有形的牆壁更能有效地區隔不同群體。

一個世界中總有人不接受其整全性，或者心生好奇，或者以發自本性的形上思考，拒絕接受「我的語言的界線意謂我的世界的界線。」[10] 如果循此思路，有些人就會認為我在本書中描繪的世界圖像太過偏激，即便如此，我的研究仍然對不同視野作了認真思考。

比較的優勢所在，亦即比較的第一步，是對不同視野的疏理，並在此基礎上於所謂不言自明的真理之外提出其他思考方式。

從事文學比較的研究者一度曾分為歷史主義者及類型學家，並各自為營。歷史主義者尋找可以通過實證方式確立的作家與著作之間的文獻關聯作為相互影響的證據（如普魯士〔Marcel Proust〕著作中是否提到杜斯妥也夫斯基〔Fyodor Mikhailovich Dostoevsky〕，如果提到，他通過怎樣的途徑認識後者？）類型學家則致力於尋找屬於不同時期、使用不同語言的作家與著作之間可能存在的相似性（如《追憶似水年華》與《紅樓夢》是否都從屬於

---

10 維根斯坦：《邏輯哲學論》，見涂紀亮主編，陳啟偉譯：《維特根斯坦全集》（石家莊：河北教育出版社，2003 年），第 1 卷，頁 240。可以預想有人會說：「什麼極限？我的語言沒有極限。」

範圍廣泛的「自傳體小說」類型？）。[11] 兩種研究取向都突破固有框架，強調作者並非獨立自足的意義源泉，任何著作都或多或少建立在其他前行著作的基礎上，沒有任何國族的文化傳統是孤立的。他們的研究成果（我認為）完全值得肯定。有人或許會擔心跨越文化的類型化比較會導向荒唐的普世主義（「於是我們看到世界各地的所有人種都為發現『真理』及創造『美』的作品作出貢獻」）。但如果我們能夠持續有關獨立自足文化模式的論辯，類型化比較就不會那麼荒唐。

通過揭示中華文化與其周邊群族文化之間常常相互衝突，持續不斷變化，有時隱而不顯的關係史，我們消解了幾種固有思維框架，開闢了新的研究領域。本書主要考察邊界，並從由漢語書寫文字延續的文化傳統內部突破界線，與此相輔相成但更為廣大的課題，為以邊界另一側族群特有的條件、特徵，以及他們與外界對話的獨特方式考察這些族群，亦即自相互關聯的「世界」視角建構亞洲文學史。[12]「世界文學」遠在歌德之前既已出現，對其的理解也不必然要求將邊緣地區同化並歸入歐洲規範之中，更不會最終導向「我們」。如果我們把眼光投向例如亞洲（僅為舉例方便），探索有記錄可考的完整文學藝術歷史，就會從中獲得更多突破框架的機會。[13]

---

11 有關這兩個「派別」固有形象的討論，見 César Dominguez, Haun Saussy, and Darío Villanueva, *Introducing Comparative Literature: New Trends and Applications* (New York: Routledge, 2015), 23。

12 見 Haun Saussy, "The Comparative History of East Asian Literatures: A Sort of Manifesto," 20。

13 國際比較文學學會自 2015 年以來進行的一個研究項目正是以敘說亞洲文學藝術歷史為宗旨，相關成果將在一系列著作中發表。見 Haun Saussy, "ICLA

*

《小鏡頭外的大世界》（*Zoom*）是一本沒有文字的圖書，帶領我們穿越一系列認知及框架。[14] 第一頁呈現的是一個斑斑點點、有稜有角的珊瑚紅色平面，翻到下一頁，平面縮小為兩個靠在窗櫺上的孩子觀察的一隻公雞雞冠的一部分。再翻到下一頁，這兩個孩子原來是在一個農舍中，又翻一頁，我們發現農舍座落在一片場地上，周圍有牆又有車。奇妙的是一個巨大的手指出現在右上角，謎底在下一頁揭曉，農舍原來是一個玩具，一個心不在焉的女孩正在擺放其他玩具農舍。可是左上角那幾個只能看到一部分的大字又是什麼？原來擺放玩具的女孩是在一本玩具目錄冊封面圖中。又翻一頁，我們發現玩具目錄冊快要從躺在游船甲板折疊椅上，無精打采的男孩手中滑落。再翻兩三頁，男孩在行駛於紐約市內巴士一側的廣告中。幾頁後巴士行駛的紐約市景出現在納瓦霍長老正在觀看的小電視屏幕上，再翻過幾頁後，我們發現長老在一張信封郵票中，原來又……每一個框架的轉換（或者用比較文學領域的術語「語境化」），都使旁觀者步入一個稍微更大的現實，這個現實包括但又否定前一個現實的存在，前一個現實不過是現實的某種再現而已，翻到下一頁又有一個更大的現實否定了前一個稍大的現實，如此週而復始。無論從前往後翻或從後向前翻，讀者如果留意自我意識狀態，就能夠感知到自我面對現實與再現、深入其中與袖手旁觀之間轉換的醒悟與變化。只要語境的嵌套及對嵌套的突破仍然可能，就

---

Research Committee: A Comparative History of East Asian Literatures," *Recherche Littéraire / Literary Research* 33 (2017): 304-306, http://www.ailc-icla.org/wp-content/uploads/2018/07/Recherche-littéraire-2017-vol-33.pdf。

14 Istvan Banyai, *Zoom* (New York: Random House, 1995).

存在比較（前／後、內／外、真實／虛幻）的可能。語境是從一個語境到另一個語境的接力，接力的可能遠遠超出早期中國外交翻譯文獻中設定的「九譯」。《小鏡頭外的大世界》最後一頁是從太空看到的星空，地球只是萬點繁星中無法辨認的一顆，是否這就是終極的語境？到這一頁，世間萬物合而為一，比較不復存在。

# 徵引文獻

## 一、專著

漢・韓嬰：《韓詩外傳》（上海：商務印書館，1922 年）。

漢・司馬遷：《史記》（10 冊）（北京：中華書局，1959 年）。

漢・劉向撰，向宗魯校證：《說苑校證》（北京：中華書局，1987 年）。

漢・王充：《論衡》（臺北：世界書局，1983 年）。

漢・許慎著，清・段玉裁注：《說文解字注》（臺北：聯經出版社，1980 年）。

漢・班固：《漢書》（8 冊）（北京：中華書局，1962 年）。

南朝宋・范曄撰，唐・李賢注：《後漢書》（12 冊）（北京：中華書局，1965 年）。

南朝梁・僧祐：《弘明集》（北京：中華書局，2011 年）。

南朝梁・僧祐：《出三藏記集》，收錄於高楠順次郎等編：《大正新脩大藏經》（100 卷）（東京：大正一切經刊行會，1924-1932 年）

南朝陳・徐陵：《玉臺新詠》（上海：世界書局，1935 年）。

北朝齊・魏收：《魏書》（8 冊）（北京：中華書局，1974 年）。

唐・房玄齡注：《管子》（8 冊）（上海：中華書局，1930 年）。

唐・魏徵等：《隋書》（6 冊）（北京：中華書局，1973 年）。

唐・韓愈著，馬通伯校注：《韓昌黎文集校注》（香港：中華書局，1991 年）。

唐・柳宗元著，王國安箋釋：《柳宗元詩箋釋》（上海：上海古籍出版社，1993 年）。

唐・柳宗元著：《柳宗元集》（4 冊）（北京：中華書局，1979 年）。

宋・李昉編纂：《太平廣記》（10 冊）（北京：中華書局，1961 年）。
宋・李昉編纂，夏劍欽等校點：《太平御覽》（8 冊）（石家莊：河北教育出版社，1994 年）。
宋・邵庸：《邵庸全集》（5 冊）（上海：上海古籍出版社，2015 年）。
宋・司馬光主編：《資治通鑑》（20 冊）（北京：中華書局，1956 年）。
宋・蘇軾著，張志烈、馬德富、周裕鍇主編、校注：《蘇軾全集校注》（20 冊）（石家莊：河北人民出版社，2010 年）。
宋・蘇軾著，范會俊、朱逸輝編：《蘇軾海南詩文選注》（北京：北京師範大學，1990 年）。
宋・郭茂倩：《樂府詩集》（4 冊）（北京：中華書局，1979 年）。
宋・趙令畤撰，孔凡禮點校：《侯鯖錄》（北京：中華書局，2002 年）。
宋・李志常：《長春真人西遊記》（上海：中華書局，1936 年）。
元・馬端臨：《文獻通考》（14 冊）（北京：中華書局，2011 年）。
明・索南堅贊：《吐蕃王朝世系明鑒正法源流史》，中譯見劉立千譯注：《西藏王統記》（拉薩：西藏人民出版社，1987 年）。
明・火源潔編：《華夷譯語》（上海：商務印書館，1926 年）。
明・丘濬：《大學衍義補》，收錄於《景印文淵閣四庫全書・子部・儒家類》（臺北：臺灣商務印書館，1986 年）。
明・李贄：《焚書》（北京：中華書局，1975 年）。
清・仇兆鰲：《杜詩詳注》（5 冊）（北京：中華書局，1979 年）。
清・阮元審定，盧宣旬校：《重栞宋本十三經注疏附校勘記》（8 冊）（臺北：藝文印書館，1965 年）。
漢・毛亨傳，漢・鄭玄箋，唐・孔穎達正義：《毛詩正義》。
漢・孔安國傳，唐・孔穎達正義：《尚書正義》
漢・趙岐注，宋・孫奭疏：《孟子注疏》。
漢・鄭玄注，唐・孔穎達正義：《禮記正義》。
漢・鄭玄注，唐・賈公彥疏：《周禮注疏》。
魏・何晏注，宋・邢昺疏：《論語注疏》。
晉・杜預注，唐・孔穎達正義：《春秋左傳正義》。
清・紀昀：《閱微草堂筆記》（臺北：大中國圖書公司，2002 年）。

清・陳立疏證：《白虎通疏證》（2 冊）（北京：中華書局，1994 年）。
清・王先謙集解：《荀子集解》，收錄於《新編諸子集成》（臺北：世界書局，1986 年）。
清・郭慶藩：《莊子集釋》（3 冊）（北京：中華書局，1962 年）。
清・韓子雲著，張愛玲註譯：《海上花》（臺北：皇冠雜誌社，1983 年）。
張元濟主編：《四部叢刊》（三編）（500 冊）（上海：商務印書館，1936 年）。
宋・佚名：《元朝秘史》。
清・錢大昕：《潛研堂文集》。
《二十五史》（12 冊）（上海：上海古籍出版社，1986 年）。
唐・李百藥編：《北齊書》。
唐・房玄齡編：《晉書》。
唐・李延壽編：《北史》。
五代後晉・劉昫：《舊唐書》。
小島憲之校注：《懷風藻》，收錄於《日本古典文學大系》（東京：岩波書店，1964 年）。
中西進：《萬葉集》（東京：講談社，1978 年）。
卞東波：《域外漢籍與宋代文學研究》（北京：中華書局，2017 年）。
戈寶權：《中外文學因緣：戈寶權比較文學論文集》（北京：北京出版社，1992 年）。
方豪：《中國文學交通史論叢》（第一輯）（重慶：獨立出版社，1944 年）。
王佐良：《中外文學之間》（南京：江蘇人民出版社，1984 年）。
王宏志編：《十九世紀至二十世紀初東亞翻譯與現代化》（香港：翻譯研究中心，2017 年）。
白・特木爾巴根：《《蒙古秘史》文獻版本考》（北京：北京大學出版社，2014 年）。
宋炳輝：《方法與實踐：中外文學關係研究》（上海：復旦大學出版社，2004 年）。
李文田編：《元朝秘史》，收錄於五雲五主編，《叢書集成》（4000 冊）

（上海：商務印書館，1935 年）。
李行健主編：《現代漢語規範辭典》，（北京：外語教學與研究出版社，2009 年）。
李澤厚：《華夏美學》（臺北：三民書局，1996 年）。
李興盛：《中國流人史》（哈爾濱：黑龍江人民出版社，2013 年）。
周振鶴：《余事若覺》（北京：中華書局，2012 年）。
周發祥、李岫編：《中外文學交流史》（長沙：湖南教育出版社，1999 年）。
金文京：《漢文と東アジア：訓読の文化圏》（東京：岩波書店，2010 年）。
胡適：《白話文學史》（臺北：樂天出版，1970 年）。
胡曉真：《明清文學中的西南敘事》（臺北：臺大出版中心，2019 年）。
孫衛國：《大明旗號與小中華意識：朝鮮王朝尊周思明問題研究，1637-1800》（北京：商務印書館，2007 年）。
馬承源：《中國青銅器研究》（上海：上海古籍出版社，2002 年）。
張伯偉：《東亞漢籍研究論集》（臺北：臺大出版中心，2007 年）。
張伯偉：《域外漢籍研究入門》（上海：復旦大學出版社，2012 年）。
梁啟超：《飲冰室文集》（上海：中華書局，1926 年）。
畢贛：《路邊野餐》（臺北：前景娛樂有限公司，2016 年）。
陳正祥：《長春真人西遊記的地理學評註》（香港：地理研究中心，香港中文大學，1968 年）。
陳崧編：《五四前後東西文化問題論戰文選》（北京：中國社會科學出版社，1985 年）。
陳澄之：《伊犁煙雲錄》（上海：中華建國出版社，1948 年）。
黃俊傑：《東亞儒家仁學史論》（臺北：臺灣大學出版中心，2017 年）。
葛兆光：《宅茲中國：重建有關「中國」的歷史論述》（北京：中華書局，2011 年）。
葛兆光：《何為「中國」？疆域、民族、文化與歷史》（香港：牛津大學出版（中國）有限公司，2014 年）。
劉文典集解：《淮南鴻烈集解》（2 冊）（北京：中華書局，1989 年）。

錢林森、周寧主編：《中外文學交流史》（濟南：山東教育出版社，2015年）。
王曉平：《中外文學交流史：中國—日本卷》。
周寧、朱徽、賀昌盛、周雲龍：《中外文學交流史：中國—美國卷》。
姚風：《中外文學交流史：中國—葡萄牙卷》。
郁龍余、劉朝華：《中外文學交流史：中國—印度卷》。
郅溥浩、丁淑紅、宗笑飛：《中外文學交流史：中國—阿拉伯卷》。
張西平、馬西尼主編：《中外文學交流史：中國—義大利卷》。
梁麗芳、馬佳、張裕禾、蒲雅竹：《中外文學交流史：中國—加拿大卷》。
郭惠芬：《中外文學交流史：中國—東南亞卷》。
葛桂錄：《中外文學交流史：中國—英國卷》。
趙振江、滕威：《中外文學交流史：中國—西班牙語國家卷》。
劉順利：《中外文學交流史：中國—朝韓卷》。
衛茂平、陳虹嫣等：《中外文學交流史：中國—德國卷》。
錢林森：《中外文學交流史：中國—法國卷》。
魏巧燕：《《清文指要》整理研究》（北京：北京大學出版社，2017年）。
羅新璋：《翻譯論集》（第二版）（北京：商務印書館，2015年）。
羅選民：《翻譯與中國性》（北京：清華大學出版社，2017年）。
維根斯坦：《邏輯哲學論》，收錄於涂紀亮主編，陳啟偉譯：《維特根斯坦全集》（石家莊：河北教育出版社，2003年）。
Aamir R. Mufti, *Forget English!: Orientalisms and World Literatures* (Cambridge, MA: Harvard University Press, 2016).
Alexander Beecroft, *Authorship and Cultural Identity in Early Greece and China: Patterns of Literary Circulation* (Cambridge: Cambridge University Press, 2010).
Alexander Beecroft, *An Ecology of World Literature: From Antiquity to the Present Day* (London: Verso, 2015).
Arnaldo Momigliano, *Alien Wisdom: The Limits of Hellenization* (Cambridge: Cambridge University Press, 1975).

Beata Grant and Wilt Idema, *The Red Brush: Writing Women of Imperial China* (Cambridge, MA: Harvard University Asia Center, 2004).

Benedict de Spinoza, *Works of Spinoza*, trans. R. H. M. Elwes (1883; reprint, New York: Dover, 1955). 中譯見劉漢鼎譯：《斯賓諾莎書信集》（北京：商務印書館，1996 年）。

Brandon Dotson, "The Old Tibetan Annals (Version II)," in *The Old Tibetan Annals: An Annotated Translation of Tibet's First History*, trans. Brandon Dotson (Vienna: Österreichische Akademie der Wissenschaften, 2009).

Bruno Latour, *Enquête sur les modes d'existence: Une anthropologie des Modernes* (Paris: La Découverte, 2012) ), translated by Catherine Porter as *An Inquiry into Modes of Existence* (Cambridge, MA: Harvard University Press, 2013).

Carla Nappi, *Translating Early Modern China: Illegible Cities* (Oxford: Oxford University Press, 2021).

Carolyn Cartier, *Globalizing South China* (Chichester, UK: Wiley, 2011).

César Dominguez, Haun Saussy, and Darío Villanueva, *Introducing Comparative Literature: New Trends and Applications* (New York: Routledge, 2015).

Charles Holcombe, *The Genesis of East Asia, 221 B.C.—A.D. 907* (Honolulu: University of Hawai'i Press, 2001).

Chi Li, *The Formation of the Chinese People: An Anthropological Inquiry* (Cambridge, MA: Harvard University Press, 1928). 中譯見李濟：《中國民族的形成》（南京：江蘇教育出版社，2005 年）。

Claude Hagège, *Halte à la mort des langues* (Paris: Odile Jacob, 2000).

Claude Lévi-Strauss, *Tristes Tropiques* (Paris: Plon, 1955).

David B. Lurie, *Realms of Literacy: Early Japan and the History of Writing* (Cambridge, MA: Harvard University Asia Center, 2011).

David Damrosch, Natalie Melas, and Mbongiseni Buthelezi, eds., *The Princeton Sourcebook in Comparative Literature* (Princeton, NJ: Princeton University Press, 2009).

David Holm, *Mapping the Old Zhuang Character Script: A Vernacular Writing System from Southern China* (Leiden: Brill, 2013).

David M. Deal and Laura Hostetler, trans., *The Art of Ethnography: A Chinese "Miao Album"* (Seattle: University of Washington Press, 2006).

David R. Knechtges and Taiping Chang, *Ancient and Early Medieval Chinese Literature: A Reference Guide* (Leiden: Brill, 2010).

Édouard Glissant, *Poétique de la relation* (Paris: Gallimard, 1990), translated by Betsy Wing as *Poetics of Relation* (Ann Arbor: University of Michigan Press, 1997).

Edward Said, *Orientalism* (New York: Pantheon, 1978).

Edward Schafer, *Shore of Pearls: Hainan Island in Early Times* (Berkeley: University of California Press, 1970).

Edward Schafer, *The Vermilion Bird: T'ang Images of the South* (Berkeley: University of California Press, 1985).

Emma Jinhua Teng, *Taiwan's Imagined Geography: Chinese Colonial Travel Writing and Pictures, 1683-1895* (Cambridge, MA: Harvard University Asia Center, 2004).

Eric Hobsbawm, *Nations and Nationalism since 1780: Programme, Myth, Reality* (Cambridge: Cambridge University Press, 1990). 中譯見李金梅譯：《民族與民族主義》（臺北：麥田出版，1997 年）。

Eric R. Wolf, *Europe and the People without History* (Berkeley: University of California Press, 1983). 中譯見賈士衡譯：《歐洲與沒有歷史的人》（臺北：麥田出版，2013 年）。

Erica Fox Brindley, *Ancient China and the Yue: Perceptions and Identities on the Southern Frontier, c. 400 BCE—50 CE* (Cambridge: Cambridge University Press, 2015).

Erik Zürcher, *The Buddhist Conquest of China* (Leiden: Brill, 2007).

Ernest Renan, *Qu'est-ce qu'une nation?* (Paris: Calmann-Lévy, 1882).

Eva Hung and Judy Wakabayashi, eds., *Asian Translation Traditions* (2005: reprinted, London: Routledge, 2014).

Ferdinand de Saussure, *Course in General Linguistics* (1916), trans. Wade Baskin, eds. Perry Meisel and Haun Saussy (New York: Columbia University Press, 2011).

François Hartog, *Le miroir d'Hérodote: Essai sur la représentation de l'autre*, 2nd edition (Paris: Gallimard, 2001).

Frank Dikötter, *The Discourse of Race in Modern China* (Stanford, CA: Stanford University Press, 1992). 中譯見楊立華譯：《近代中國之種族觀念》（南京：江蘇人民出版社，1999 年）。

Georg Wilhelm Friedrich Hegel, *Vorlesungen über die Ästhetik*, in *Werke*, 20 vols. (Frankfurt am Main: Suhrkamp, 1970).

George Steiner, *After Babel: Aspects of Language and Translation* (Oxford: Oxford University Press, 1975).

H. Mack Horton, *Traversing the Frontier: The Man'yōshū Account of a Japanese Mission to Silla in 736-737* (Cambridge, MA: Harvard University Asia Center, 2012).

Haun Saussy, *Translation as Citation: Zhuangzi Inside Out* (Oxford: Oxford University Press, 2018).

Hayden White, *Metahistory: The Historical Imagination in Nineteenth-Century Europe* (Baltimore, MD: Johns Hopkins University Press, 1973).

Heinrich Detering and Yuan Tan, *Goethe und die chinesischen Fräulein* (Göttingen: Wallstein, 2018).

Hodong Kim, *Holy War in China: The Muslim Rebellion and State in Chinese Central Asia, 1864-1877* (Stanford, CA: Stanford University Press, 2004).

Hugh R. Clark, *The Sinitic Encounter in Southeast China through the First Millennium CE* (Honolulu: University of Hawai'i Press, 2016).

Ian Hacking, *Historical Ontology* (Cambridge, MA: Harvard University Press, 2002).

Igor de Rachewiltz, trans. and comm., *The Secret History of the Mongols: A*

*Mongolian Epic Chronicle of the Thirteenth Century*, 3 vols. (Leiden: Brill, 2004-2013).

Immanuel Wallerstein, *The Modern World-System*, 3 vols. (New York: Academic Press, 1976-1989).

Imre Galambos, *Translating Chinese Tradition and Teaching Tangut Culture: Manuscripts and Printed Books from Khara-Khoto* (Berlin: de Gruyter, 2015).

Indra Levy, ed., *Translation in Modern Japan* (New York: Routledge, 2011).

Istvan Banyai, *Zoom* (New York: Random House, 1995).

James A. Millward, *Beyond the Pass: Economy, Ethnicity and Empire in Qing Central Asia, 1759-1864* (Stanford, CA: Stanford University Press, 1998). 中譯見賈建飛譯：《嘉峪關外：1759-1864 年新疆的經濟、民族和清帝國》（香港：香港中文大學出版社，2017 年）。

James C. Scott, *Weapons of the Weak: Everyday Forms of Peasant Resistance* (New Haven, CT: Yale University Press, 1985).

James C. Scott, *Seeing Like a State: How Certain Schemes to Improve the Human Condition Have Failed* (New Haven, CT: Yale University Press, 1998).

James C. Scott, *Against the Grain: A Deep History of the Earliest States* (New Haven, CT: Yale University Press, 2017).

James Joyce, *Ulysses* (New York: Vintage, 1986).

James Legge, *The Chinese Classics*, 3 Vols.（臺北：南天書局，1991 年）。

Jing Tsu, *Sound and Script in Chinese Diaspora* (Cambridge, MA: Harvard University Press, 2010).

Jingqi Fu, Zhao Min, Xu Lin, and Duan Ling, *Chinese Ethnic Minority Oral Traditions: A Recovered Text of Bai Folk Songs in a Sinoxenic Script* (Amherst, NY: Cambria Press, 2015).

Joanna Waley-Cohen, *Exile in Mid-Qing China: Banishment to Xinjiang, 1758-1820* (New Haven, CT: Yale University Press, 1991).

Joel Elias Spingarn, ed., *Goethe's Literary Essays*（New York: Harcourt,

Brace, 1921).

Johann Peter Eckermann, *Gespräche mit Goethe in den letzten Jahren seines Lebens 1823-1832* (Leipzig: Brockhaus, 1837).

John D. Barrow and Frank J. Tipler, *The Anthropic Cosmological Principle* (Oxford: Oxford University Press, 1988).

Jonathan Karam Skaff, *Sui-Tang China and Its Turco-Mongol Neighbors: Culture, Power, and Connections, 580-800* (Oxford: Oxford University Press, 2012)

Jonathan M. Hall, *Ethnic Identity in Greek Antiquity* (Cambridge: Cambridge University Press, 2000).

Joseph Stalin, *Marxism and the National Question* (1913), reprinted as *Marxism and the National and Colonial Question* (Leningrad: Cooperative Publishing House, 1935).

Julius Caesar, *Commentarii de Bello Gallico*, ed. Heinrich Meusel, 3 vols. (Berlin: Weidmann, 1961).

Jürgen Habermas, *The Theory of Communicative Action*, trans. Thomas McCarthy, 2 vols. (Boston: Beacon, 1981, 1984).

Kang-i Sun Chang and Stephen Owen, eds., *The Cambridge History of Chinese Literature*, 2 vols. (Cambridge: Cambridge University Press, 2013).

Karl Marx and Friedrich Engels, *Selected Works in One Volume* (New York: International Publishers, 1968).

Kuan-Hsing Chen, *Asia as Method: Toward Deimperialization* (Durham, NC: Duke University Press, 2010).

L. J. Newby, *The Empire and the Khanate: A Political History of Qing Relations with Khoqand, c. 1760-1860* (Leiden: Brill, 2005).

Laurence Picken, ed., *Music from the Tang Court*, 6 fascicles (Cambridge: Cambridge University Press, 1981-2000).

Laurence Sterne, *A Sentimental Journey through France and Italy* (Oxford: Humphrey Milford, 1928).

Lawrence Venuti, *The Translator's Invisibility: A History of Translation*, 2nd ed. (New York: Routledge, 1995, 2008). 中譯見張景華、白立平、蔣驍華譯：《譯者的隱形——翻譯史論》（北京：外語教學與研究出版社，2009）。

Leo Tak-hung Chan, ed., *Twentieth-Century Chinese Translation Theory: Modes, Issues and Debates* (Amsterdam: Benjamins, 2004).

Liam C. Kelley, *Beyond the Bronze Pillars: Envoy Poetry and the Sino-Vietnamese Relationship* (Honolulu: Association for Asian Studies and University of Hawai'i Press, 2005).

Lionel Jensen, *Manufacturing Confucianism: Chinese Traditions and Universal Civilization* (Durham, NC: Duke University Press, 1998).

Lucas Klein, *The Organization of Distance: Poetry, Translation, Chineseness* (Leiden: Brill, 2018).

Ludwig Wittgenstein, *Tractatus Logico-Philosophicus*, trans. C. K. Ogden (London: Routledge & Kegan Paul, 1981).

Luo Xuanmin and He Yuanjian, eds., *Translating China* (Boston: Multilingual Matters, 2009).

Luo Yuming, *A Concise History of Chinese Literature*, trans. Ye Yang, 2 vols. (Leiden: Brill, 2011).

Lydia H. Liu, *Translingual Practice: Literature, National Culture, and Translated Modernity* (Stanford, CA: Stanford University Press, 1992).

Lydia H. Liu, *The Clash of Empires: The Invention of China in Modern World-Making* (Cambridge, MA: Harvard University Press, 2004).

Mark Gamsa, *The Reading of Russian Literature in China: A Moral Example and Manual of Practice* (New York: Palgrave, 2010).

Martha P. Y. Cheung, ed., *An Anthology of Chinese Discourse on Translation*, 2 vols., 2nd ed. (London: Routledge, 2014).

Martin Kern, *The Stele Inscriptions of Ch'in Shih-huang: Text and Ritual in Early Chinese Imperial Representation* (New Haven, CT: American Oriental Society, 2000).

Matteo Ricci, *On Friendship: One Hundred Maxims for a Chinese Prince*, ed. and trans. Timothy Billings (New York: Columbia University Press, 2009).

Michael Gibbs Hill, *Lin Shu, Inc.: Translation and the Making of Modern Chinese Culture* (Oxford: Oxford University Press, 2012).

Michael Khodarkovsky, *Where Two Worlds Met: The Russian State and the Kalmyk Nomads, 1600-1771* (Ithaca, NY. Cornell University Press, 1992).

Nicholas Evans, *Dying Words: Endangered Languages and What They Have to Tell Us* (Chichester: Wiley-Blackwell, 2010).

Nicola Di Cosmo, *Ancient China and Its Enemies: The Rise of Nomadic Power in Chinese History* (Cambridge: Cambridge University Press, 2002).

Patrick Sériot, *Structure et totalité: Les origines intellectuelles du structuralisme en Europe centrale et orientale* (Paris: Presses Universitaires de France, 1999).

Paul Grice, *Studies in the Way of Words* (Cambridge, MA: Harvard University Press, 1991).

Peter C. Perdue, *China Marches West: The Qing Conquest of Central Eurasia* (Cambridge, MA: Harvard University Press, 2005). 中譯見葉品岑、蔡偉傑、林文凱譯：《中國西征：大清征服中央歐亞蒙古帝國的最後輓歌》(新北：衛城出版，2021 年)。

Peter Kornicki, *Language, Scripts, and Chinese Texts in East Asia* (Oxford: Oxford University Press, 2018).

Pierre Nora, ed., *Les Lieux de mémoire*, 3 vols. (Paris: Gallimard, 1984-1992).

Ping Wang and Nicholas Morrow Williams, eds., *Southern Identity and Southern Estrangement in Medieval Chinese Poetry* (Hong Kong: Hong Kong University Press, 2015).

Randolph B. Ford, *Rome, China, and the Barbarians: Ethnographic*

*Traditions and the Transformation of Empires* (Cambridge: Cambridge University Press, 2020).

Rey Chow, *Writing Diaspora: Tactical Interventions in Contemporary Cultural Studies* (Bloomington: Indiana University Press, 1993).

Richard E. Strassberg, *Inscribed Landscapes: Travel Writing from Imperial China* (Berkeley: University of California Press, 1994).

Robert Clouse, dir., *Enter the Dragon* (DVD; Burbank, CA: Warner Brothers Home Video, 1998).

Robin Kornman, Sangye Khandro, and Lama Chönam, eds. and trans., *The Epic of Gesar of Ling* (Boston: Shambhala, 2012).

Rolf Stein, *Recherches sur l'épopée et le barde au Tibet* (Bibliothèque de l'Institut des Hautes Études chinoises, 13; Paris: Presses universitaires de France, 1959).

Ronald Egan, *Word, Image and Deed in the Life of Su Shi* (Cambridge, MA: Harvard East Asia Center, 1994).

Sanping Chen, *Multicultural China in the Early Middle Ages* (Philadelphia: University of Pennsylvania Press, 2012).

Shao-yun Yang, *The Way of the Barbarians: Redrawing Ethnic Boundaries in Tang and Song China* (Seattle: University of Washington Press, 2019).

Susan Blum, *Portraits of Primitives: Ordering Human Kinds in the Chinese Nation* (Lanham, MD: Rowman and Littlefield, 2001).

Talal Asad, Judith Butler, and Saba Mahmood, *Is Critique Secular? Blasphemy, Injury, and Free Speech* (New York: Fordham University Press, 2009).

Tamara T. Chin, *Savage Exchange: Han Imperialism, Chinese Literary Style, and the Economic Imagination* (Cambridge, MA: Harvard University Asia Center, 2014).

Thomas D. Carroll, S.J., *Account of the T'ù-Yü-Hún in the History of the Chín Dynasty* (Berkeley: University of California Press, 1953).

Thomas S. Mullaney, *Coming to Terms with the Nation: Ethnic Classification in Modern China* (Berkeley: University of California Press, 2010).

Thomas S. Mullaney et al., eds., *Critical Han Studies: The History, Representation, and Identity of China's Majority* (Berkeley: University of California Press, 2012).

Timothy Billings, *Cathay: A Critical Edition* (New York: Fordham University Press, 2019).

Tom Cohen, Barbara Cohen, J. Hillis Miller, and Andrzej Warminski, eds., *Material Events: Paul de Man and the Afterlife of Theory* (Minneapolis, MN: University of Minnesota Press, 2001).

Victor Fleming, dir., *The Wizard of Oz* (1939; Burbank, CA: Warner Home Video, 2009).

Wang Zhenping, *Tang China in Multi-Polar Asia: A History of Diplomacy and War* (Honolulu: University of Hawai'i Press, 2013).

Wei-ming Tu, *Centrality and Commonality: An Essay on Confucian Religiousness* (Albany, NY: SUNY Press, 1989).

Wiebke Denecke, *Classical World Literatures: Sino-Japanese and Greco-Roman Comparisons* (New York: Oxford University Press, 2014).

Willard Van Orman Quine, *From a Logical Point of View* (Cambridge, MA: Harvard University Press, 1953).

William Durham, *Coevolution* (Stanford, CA: Stanford University Press, 1990).

Wilt Idema, *Heroines of Jiangyong: Chinese Narrative Ballads in Women's Script* (Seattle: University of Washington Press, 2009).

Yuanfei Wang, *Writing Pirates: Vernacular Fiction and Oceans in Late Ming China* (Ann Arbor: University of Michigan Press, 2021).

Zev Handel, *Sinography: The Borrowing and Adaptation of the Chinese Script* (Leiden: Brill, 2019).

## 二、期刊、專書與會議論文

王力雄：〈王力雄訪維吾爾學者卡哈爾鄉・巴拉提，談新疆歷史〉，「中國邊緣」部落格 2013 年 8 月 7 日文章，http://bianjiang.blogspot.com/2013/08/blog-post_2551.html。

王鵬凱：〈曾經西域萬里行——紀昀的新疆書寫〉，《東海大學圖書館館訊》第 157 期（2014 年），頁 43-65。

王靖獻：〈為中國文學批評命名〉，《亞洲研究學刊》第 3 卷（1979 年），頁 529-534。

朱光潛：〈長篇詩在中國何以不發達〉，收錄於北京大學比較文學研究所彙編：《中國比較文學研究資料》（北京：北京大學出版社，1989 年），頁 220-225。

余少華：〈中國音樂的邊緣：少數民族音樂〉，收錄於彭麗君編：《邊城對話：香港・中國・邊緣・邊界》（香港：香港中文大學出版社，2013 年），頁 59-95。

周伯戡：〈庫車所出《大智度論》寫本殘卷之研究 - 兼論鳩摩羅什之翻譯〉，《國立臺灣大學歷史學系學報》第 17 期（1992 年），頁 65-106。

胡適：〈文學進化觀念與戲劇改良〉，《新青年》第 5 卷第 4 期（1918 年），頁 308-321。

胡曉真：〈風聲與文字：從歌謠運動回思非漢語的漢字傳述〉，《中國文哲研究通訊》第 29 期（2019 年），頁 53-77。

唐蘭：〈何尊銘文解釋〉，《文物》第 1 期（1976 年），頁 60-63。

崔萬里：〈上疏反對世宗推行諺文〉，收錄於 Lee Sang-Beck, *The Origin of the Korean Alphabet Hangul* (Seoul: Tong-Mun Kwan, 1957), 30。

許明德：〈西遊的文化政治：從兩部遊記看蒙元正統論的生成〉，《嶺南學報》第 13 輯（2020 年），頁 99-125。

章炳麟：〈正仇滿論〉，《國民報・來文》第 4 期（1901 年 6 月 26 日），43 面。

梅祖麟：〈「哥」字來源補證〉，收錄於余藹芹、遠藤光曉編：《橋本萬太郎記念中國語學論集》（東京：內山書店，1997 年），頁 97-101。

習近平：〈在第十三屆全國人民代表大會第一次會議上的講話〉（2018 年 3 月 20 日），http://www.gov.cn/xinwen/2018-03/20/content_5276002.

htm。

楊儒賓：〈明鄭亡後無中國〉，《中正漢學研究》第 31 期（2018 年），頁 1-32。

蔣為文：〈從漢字文化圈看語言文字與國家認同之關係〉，「2006 年臺灣國際研究學會會議論文」，http://www.de-han.org/phenglun/2006/bunhoalunsoat.pdf。

蘇美文：〈從「史詩」到「敘事詩」：看中國敘事詩的起源說〉，《中國科技學院學刊》第 32 期（2005 年），頁 177-193。

嚴志雄：〈流放、邊界、他者：方孝標《東征雜詠》探析〉，《嶺南學報》第 13 輯（2020 年 12 月），頁 127-144。

羅志田：〈夷夏之辨的開放與封閉〉，《中國文化》第 14 期（1996 年），頁 213-224。

Andrew Chittick, "Thinking Regionally in Early Medieval Studies: A Manifesto," *Early Medieval China* 26 (2020): 3-18.

Andrew Phillips, "Civilising Missions and the Rise of International Hierarchies in Early Modern Asia," *Millennium—Journal of International Studies* 42 (2014): 697-717.

Anna M. Shields, "The Inscription of Emotion in Mid-Tang Collegial Letters," in *A History of Chinese Letters and Epistolary Culture*, ed. Antje Richter (Leiden: Brill, 2015), 675-720.

Arif Dirlik, "Born in Translation: 'China' in the Making of 'Zhongguo'", *boundary 2* 46 (2019): 121-52.

Atsuko Ueda, "Sound, Scripts, and Styles: *Kanbun Kundokutai* and the National Language Reforms of 1880s Japan," *Review of Japanese Culture and Society* 20 (2008): 133-156.

Cao Shunqing, "Research on the Literature of National Minorities under Three Discourse Hegemonies," *Comparative Literature: East & West* 1, no. 2 (2017): 145-156.

César Domínguez, "In 1837/1838: World Literature and Law," *Critical Inquiry* 47, no. 1 (2020): 28-48.

Christopher Bush, "The Other of the Other? Cultural Studies, Theory, and the Location of the Modernist Signifier," *Comparative Literature Studies* 42 (2005): 162-180.

Dagmar Schäfer, "Translation History, Knowledge and Nation Building in China," in *The Routledge Handbook of Translation and Culture*, eds. Sue-Ann Harding and Ovidi Carbonelli Cortés (London: Routledge, 2018), 134-153.

Daniel J. Simons and Christopher F. Chabris, "Gorillas in Our Midst: Sustained Inattentional Blindness for Dynamic Events," *Perception* 28 (1999): 1059-1074.

Daniel L. Selden, "Mapping the Alexander Romance," in *The Alexander Romance in Persia and the East*, eds. Richard Stoneman, Kyle Erickson, and Ian Netton (Groningen, Neth.: Barkhuis, 2012), 19-59.

Daniel Selden, "Text Networks," *Ancient Narrative* 8 (2009): 1-23.

David Damrosch, "World Literature Today," *Symploke* 8 (2000): 7-19.

David Der-Wei Wang, "Sinophone Intervention with China: Between National and World Literature," in *Texts and Transformations: Essays in Honor of Victor Mair's 75th Birthday*, ed. Haun Saussy (Amherst, NY: Cambria Press, 2018), 59-79.

David Robinson, "Mongolian Migration and the Ming's Place in Asia," *Journal of Central Eurasian Studies* 3 (2019): 109-29.

David Robinson, "Controlling Memory and Movement: The Early Ming Court and the Changing Chinggisid World," *Journal of the Economic and Social History of the Orient* 62 (2019): 503-524.

David W. Kim, "A Satirical Legend or Transnational History: The Vietnamese Royal Narrative in Medieval Koryŏ," *ChiMoKoJa: Histories of China, Mongolia, Korea and Japan* 3 (2018): 1-19.

Dilip K. Basu, "Chinese Xenology and the Opium War: Reflections on Sinocentrism," *Journal of Asian Studies* 73 (2014): 927-940.

Edward Vickers, "A Civilising Mission with Chinese Characteristics?

Education, Colonialism and Chinese State Formation in Comparative Perspective," in *Constructing Modern Asian Citizenship*, eds. Edward Vickers and Krishna Kumar (London: Routledge, 2015), 50-79.

Elling Eide, "On Li Po," in *Perspectives on the T'ang*, eds. Arthur E. Wright and Denis Twitchett (New Haven, CT: Yale University Press, 1973), 399-402.

Emanuel Pastreich, "Grappling with Chinese Writing as a Material Language: Ogyū Sorai's *Yakubunsentei*," *Harvard Journal of Asiatic Studies* 61 (2001): 119-170.

Eric Hayot, "Vanishing Horizons: Problems in the Comparison of China and the West," in *A Companion to Comparative Literature*, eds. Ali Behdad and Dominic Thomas (London: Routledge, 2011), 88-107.

Eugene Eoyang, "The Wang Chao-chün Legend: Configurations of the Classic," *Chinese Literature: Essays, Articles, Reviews (CLEAR)* 4 (1982): 3-22.

Gayatri Chakravorty Spivak, "Can the Subaltern Speak? Speculations on Widow Sacrifice," *Wedge* 7/8 (1985): 120-130.

George Woodberry, "Editorial," *Journal of Comparative Literature* 1 (1903): 3-4.

Georges Devereux and Edwin M. Loeb, "Antagonistic Acculturation," *American Sociological Review* 8 (1943): 133-147.

Guo Yangsheng, "Theorizing the Politics of Translation in a Global Era: A Chinese Perspective," *Translator* 15, no. 2 (2009): 239-259.

Haun Saussy, "ICLA Research Committee: A Comparative History of East Asian Literatures," *Recherche Littéraire / Literary Research* 33 (2017): 304-306, http://www.ailc-icla.org/wp-content/uploads/2018/07/Recherche-littéraire-2017-vol-33.pdf.

Haun Saussy, "Review Essay: Recent Chinese Literary Histories in English," *Harvard Journal of Asiatic Studies* 79 (2019): 231-248.

Haun Saussy, "The Comparative History of East Asian Literatures: A

Sort of Manifesto," *Modern Languages Open* 1 (2018), https://www.modernlanguagesopen.org/articles/10.3828/mlo.v0i0.206/.

Hugh R. Clark, "What's the Matter with 'China'? A Critique of Teleological History," *Journal of Asian Studies* 77 (2018): 295-314.

Ian Hacking, "The Looping Effects of Human Kinds," in *Causal Cognition: A Multidisciplinary Debate*, eds. Dan Sperber, David Premack, and Ann James Premack, (Oxford: Clarendon Press, 1995), 351-394.

Ivan Lupi , "English and Comparative Literature: Idea, Institution, Conflict," in *Author(ity) and the Canon between Institutionalization and Questioning: Literature from High to Late Modernity*, eds. Mihaela Irimia and Dragoş Ivana (Bucharest: Institutul Cultural Român, 2011), 234-243.

Jabin T. Jacob, "China in Central Asia: Controlling the Narrative," *Indian Defence Review* (January-March 2017), http://www.indiandefencereview.com/news/china-in-central-asia-controlling-the-narrative.

James Hargett, "Clearing the Apertures and Getting in Tune: The Hainan Exile of Su Shi (1037-1101)," *Journal of Song-Yuan Studies* 30 (2000): 141-167.

John J. Deeney, "Foundations for Critical Understanding: The Compilation and Translation of Encyclopedic Dictionaries of Chinese Literary Terminology," in *Translating Chinese Literature*, eds. Eugene Eoyang and Lin Yao-fu (Bloomington: Indiana University Press, 1995), 315-342.

John Phan, "Ch  Nôm and the Taming of the South: A Bilingual Defense for Vernacular Writing in the Ch  Nam Ng c Âm Gi i Ngh a," *Journal of Vietnamese Studies* 8 (2013): 1-33.

John Timothy Wixted, "The Kokinshū Prefaces: Another Perspective," *Harvard Journal of Asiatic Studies* 43 (1983): 215-238.

John Whitman, "The Ubiquity of the Gloss," *Scripta* 3 (2011): 95-121.

Jonathan M. Hall, "The Role of Language in Greek Ethnicities," *Proceedings of the Cambridge Philological Society* 41 (1995): 83-100.

Joseph R. Allen, "The Babel Fallacy: When Translation Does Not Matter," *Cultural Critique* 102 (2019): 117-150.

L. J. Newby, "The Chinese Literary Conquest of Xinjiang," *Modern China* 25, no. 4 (1999): 451-474.

Leo K. Shin, "The Last Campaigns of Wang Yangming," *T'oung Pao* 2nd series, 92, fasc. 1/3 (2006): 101-128.

Lo Kwai-Cheung, "When China Encounters Asia Again: Rethinking Ethnic Excess in Some Recent Films from the PRC," *China Review* 10, no. 2 (2010): 63-88.

Lu Kou, "The Epistolary Self and Psychological Warfare: Tuoba Tao's (408-452, r. 423-452) Letters and His Southern Audience," *Journal of Chinese Literature and Culture* 7, no. 1 (2020): 34-59.

Mark Byington, "The War of Words between South Korea and China over an Ancient Kingdom," *History News Network*, September 10, 2004, http://historynewsnetwork.org/article/7077#sthash.rsCQE73r.dpuf.

Martha P. Y. Cheung, "Power and Ideology in Translation Research in Twentieth-Century China: An Analysis of Three Seminal Works," in *Crosscultural Transgressions: Research Models in Translation Studies, II: Historical and Ideological Issues*, ed. Theo Hermans (Manchester, UK: St. Jerome, 2002), 144-164.

Matthew Fraleigh, "Rearranging the Figures on the Tapestry: What Japanese Direct Translation of European Texts Can Tell Us about kanbun kundoku," *Japan Forum* 31 (2019): 4-32.

Matthew W. Mosca, "Neither Chinese nor Outsiders: Yi and Non-Yi in the Qing Imperial Worldview," *Asia Major*, 3rd series, 33 (2020): 103-146.

Michal Biran, "Mobility, Empire and Cross-Cultural Contacts in Cross-Cultural Eurasia," *Medieval Worlds* 8 (2018): 135-154.

Ming Tak Ted Hui, "Journeys to the West: Travelogues and Discursive

Power in the Making of the Mongol Empire," *Journal of Chinese Literature and Culture* 7, no. 1 (2020): 60-86.

Neus Isern and Joaquim Fort, "Language Extinction and Linguistic Fronts," *Journal of the Royal Society Interface* 11 (2014), http://doi.org/10.1098/rsif.2014.0028.

O. W. Wolters, "Assertions of Cultural Well-being in Fourteenth-Century Vietnam: Part I," *Journal of Southeast Asian Studies* 10 (1979): 435-450.

O. W. Wolters, "Assertions of Cultural Well-being in Fourteenth-CenturyVietnam: Part II," *Journal of Southeast Asian Studies* 11 (1980): 74-90.

Pamela Kyle Crossley, "Thinking about Ethnicity in Early Modern China," *Late Imperial China* 11 (1990): 1-35.

Peter Perdue, "Erasing the Empire, Re-Racing the Nation: Racialism and Culturalism in Imperial China," in *Imperial Formations*, eds. Ann Laura Stoler, Carole McGranahan, and Peter C. Perdue (Santa Fe, NM: SAR Press, 2007), 141-169.

Robert Phillipson, "The Linguistic Imperialism of Neoliberal Empire," *Critical Inquiry in Language Studies* 5 (2008): 1-43.

Sanping Chen, "A-gan Revisited—The Tuoba's Cultural and Political Heritage," *Journal of Asian History* 30 (1996): 46-78.

Shawn McHale, " 'Texts and Bodies': Refashioning the Disturbing Past of Tran Vietnam (1225-1400)," *Journal of the Economic and Social History of the Orient* 42 (1999): 494-518.

Shu-mei Shih, "The Concept of the Sinophone," *PMLA* 126 (2011): 709-718.

Si Nae Park, "The Sound of Learning the Confucian Classics in Chosõn Korea," *Harvard Journal of Asiatic Studies* 79 (2019): 131-87.

Siao-chen Hu, "Cultural Self-Definition of Southwest Chieftains during the Ming-Qing Transition", *Journal of Chinese Literature and Culture* 7, no.1 (2020): 167-191.

Sixiang Wang, "Loyalty, History, and Empire: Qian Qianyi and His Korean Biographies," in *Representing Lives in China: Forms of Biography in the Ming-Qing Period 1368-1911*, eds. Ihor Pidhainy, Roger Des Forges, and Grace S. Fong (Ithaca, NY: Cornell University East Asia Series, 2019), 299-232.

Solomon George FitzHerbert, "On the Tibetan Ge-sar Epic in the Late 18th Century: Sum-pa mkhan-po's Letters to the 6th Pan-chen Lama," *Études mongoles et sibériennes, centrasiatiques et tibétaines* 46 (2015): 1-21, https://journals.openedition.org/emscat/2602.

Solomon George FitzHerbert, "The Geluk Gesar: Guandi, the Chinese God of War, in Tibetan Buddhism from the 18th to 20th Centuries," *Revue d'Études Tibétaines* 53 (2020): 178-266.

Sowon S. Park, "Introduction: Transnational Scriptworlds," *Journal of World Literature* 1 (2016): 129-141.

Talbott Huey, "Chinese Books as Cultural Exports from Han to Ming: A Bibliographic Essay," *Studies on Asia*, series 3, 3, no. 1 (2006), https://www.eiu.edu/studiesonasia/series_iii_3.php.

Timothy Wai Keung Chan, "Beyond Border and Boudoir: The Frontier in the Poetry of the Four Elites of Early Tang," in *Reading Medieval Chinese Poetry*, ed. Paul W. Kroll (Leiden: Brill, 2015), 130-168.

Victor Mair, "Latin Caesar → Tibetan Gesar → Xi Jinpingian Sager," (2008) https://languagelog.ldc.upenn.edu/nll/?p=37285.

Wai-yee Li, ed., special number on "Cultural Others in Traditional Chinese Literature," *Journal of Chinese Literature and Culture* 7, no. 1 (2020): 1-231.

Wiebke Denecke, "Worlds without Translation: Premodern East Asia and the Power of Character Scripts," in *A Companion to Translation Studies*, eds. Sandra Bermann and Catherine Porter (Chichester, UK: Wiley, 2014), 204-216.

Wolfgang Behr, " 'To Translate' is 'To Exchange': Linguistic Diversity and the Terms for Translation in Ancient China," in *Mapping Meanings: The Field of New Learning in Late Qing China*, eds. Michael Lackner and Natascha Vittinghoff (Leiden: Brill, 2004), 199-235. 中譯見李永勝、李增田譯：《呈現意義：晚清中國新學領域》（天津：天津人民出版社，2014 年）。

Wolfgang Behr, "Role of Language in Early Chinese Constructions of Ethnic Identity," *Journal of Chinese Philosophy* 37 (2010): 567-587.

Yang Zhiyi, "Return to an Inner Utopia: Su Shi's Transformation of Tao Qian in his Exile Poetry," *T'oung Pao* 99 (2013): 329-378.

Yen Shih-hsuan, "A Tentative Discussion of Some Phenomena Concerning Early Texts of the *Shi jing*," *Bamboo and Silk* 4, no. 1 (2021): 45-93.

Yuanchong Wang, "Civilizing the Great Qing: Manchu-Korean Relations and the Reconstruction of the Chinese Empire, 1644-1761," *Late Imperial China* 38 (2017): 113-154.

Yukino Semizu, "Invisible Translation: Reading Chinese Texts in Ancient Japan," in *Translating Others*, ed. Theo Hermans (Manchester: St. Jerome, 2006), 2: 283-295.

Yuri Pines, "Beasts or Humans: Pre-Imperial Origins of the 'Sino-Barbarian' Dichotomy," in *Mongols, Turks, and Others: Eurasian Nomads and the Sedentary World*, eds. Reuven Amitai and Michal Biran (Leiden: Brill, 2004), 59-102.

Zhengzhang Shangfang, "Decipherment of Yue-Ren-Ge (Song of the Yue Boatman)," *Cahiers de linguistique Asie orientale* 20 (1991): 159-168.

## 三、學位論文

Kathleen Tomlonovic, "Poetry of Exile and Return: A Study of Su Shi (1037-1101)" (Ph.D. dissertation, University of Washington, 1989).